KB260324

한국교회,
청년이 떠나고 있다

NCCK 북시리즈 010
한국교회, 청년이 떠나고 있다

2017년 11월 3일 인쇄
2017년 11월 9일 발행

엮은이 | EYCK · NCCK청년위원회
지은이 | 남기평 백소영 전세훈 정인곤 정재영 최승현
펴낸이 | 김영호
펴낸곳 | 도서출판 동연
등　록 | 제1-1383호(1992년 6월 12일)
주　소 | 서울시 마포구 월드컵로 163-3
전　화 | (02) 335-2630
팩　스 | (02) 335-2640
이메일 | yh4321@gmail.com

ISBN 978-89-6447-387-0　03200
ISBN 978-89-6447-310-8　03200(세트)

본 책자는 문화체육관광부의 후원(종교개혁 500주년 기념사업 "루터씨 프로젝트")으로 제작되었습니다.

NCCK 북시리즈 010

한국교회, 청년이 떠나고 있다

EYCK · NCCK청년위원회 엮음
남기평 백소영 전세훈 정인곤 정재영 최승현 함께 씀

동연

깊은 신앙심을 가진 장로님과 한국교회에 대해 논의한 적이 있다. 그분은 안타까운 심정으로 현 한국교회의 문제점을 지적하였다. "만약 한국교회가 환골탈태하지 않으면 미래가 없을 것이다"라는 것이 그분의 결론이었다. 나 역시 한국교회에 대해 걱정하던 차에 "걱정하는 많은 목소리들은 있지만, 정작 개혁을 위해 나서는 이는 없다. 장로님 같은 분이 나서 주셔라"라는 말로 응대하였다. 그분의 대답은 "목사님, 경제학에서는 기회비용이라는 개념이 있습니다. 한국교회는 이미 그 한계를 넘어 서고 있습니다"이었다. 오늘 우리 한국교회의 과제는 문제를 모르기 때문이 아니다. '누가 고양이 목에 방울을 달까?'라는 문제다.

청년들이 스스로 나섰다. 긴 시간과 비용을 들여 오늘의 청년들은 한국교회를 어떻게 보고 있는가를 조사하여 그 보고서를 세상에 내놓았다.

오늘의 한국교회의 문제는 이렇습니다. 보시고 고쳐 주십시오. 만약 고치지 않으면, 한국교회의 미래는 없습니다. 아니 과거만 있고, 현재도 없을 겁니다.

오늘 우리는 냉혹한 현실 앞에 서 있다. 될 수 있다면 보고 싶지 않고, 듣고 싶지 않은 비판이다. 생각으로는 아직 청년들의 단견이라고 말하거나, 나 아닌 남에게 그 책임을 떠넘기고 싶다. 그러나 어떻게 할까, 우리 역시 이 교회의 구성원이고, 어쩌다 보니 결정하고 말할 위치에 서게 되었으니! 용기를 내 보자고 권해 본다. 청년들이 이렇게까지 해서 아프다고 말하고 있으니, 이 시대를 살아가는 기독교인들이 책임을 져야 할 일을 뒤로 미룰 수는 없는 것 아닌가?

생각해 보면, 오늘을 살아가는 우리 기독교인들은 지난 선배들의 헌신에 힘입은 바가 크다. 예수의 제자가 되어 거룩하게 살아왔던 수많은 사람들의 삶의 고백들이 모여 오늘의 기독교가 존재할 수 있는 기반이 되었다면, 오늘을 살아가는 우리들의 신앙의 고백들이 모여 내일의 기독교의 기반이 될 것이다. 우리 후배들에게 빈 수레를 넘겨줄 수는 없지 않는가?

한번 상상해 보자. 청년들이 교회를 한국 사회에서 가장 매력 있는 집단으로 여기고, 그 일원이 되기를 갈망하여 교회로 몰려드는 광경을…. 그리고 교회는 청년들이 주인의식을 가지고 교회를 발전시켜 나갈 수 있도록 그 제도적 법적 뒷받침하기 위해 동분서주하는 모습을….

허황된 꿈은 결코 아닐 것이다. 2000년 전 나사렛 동네의 한 젊은이의 삶에 깊은 감동을 받고 기꺼이 그의 제자가 되어 정의 평화,

생명의 삶을 살아가는 사람들의 행진이 이어지고 있기 때문이다. 한국교회가 거듭나기를 기대해 본다. 이 일의 단초를 제공해 준 한국기독청년협의회에 감사드리며, 큰 격려를 보낸다. 부디 한국교회가 경청하기를 바란다.

2017년 11월

한국기독교교회협의회

총무 김영주

비텐베르크의 게시판과 오부자반점

우리 집 앞에는 오부자반점이라는 중식당이 있다.

아버지와 아들들이 열심히 배달하며 가게를 꾸려가고 있어 아름답게 느껴진다.

함께 만들어 갈 때 넉넉함이 있다. 우리가 함께 넉넉하게 만들어 가야 할 일들이 있다.

루터의 비서인 Georg Rörer는 500년 전 사람들이 쉽게 볼 수 있는 비텐베르크 성당 문을 게시판 삼아 루터가 공개토론을 유도했다고 한다.

우리는 왜 종교개혁 500주년을 들먹이며 이 설문을 내어 놓는가?

비텐베르크의 게시판처럼 우리의 문제를 다시 공론화하고 새로운 꿈을 꾸려는 것이다.

촛불정국, 전국의 사람들이 모이는 광장에서 들었던 시민들의 꿈과 다르지 않다.

루터의 게시판은 저항으로 만들어가는 새로운 출발이었다.

과감하게 새로운 것에 도전하고, 세상을 형성하고, 사회를 변화시키고, 생명을 위해 노력하게 만드는 출발이었다. 주님은 지금도 모든 것을 새롭게 하신다.

세상의 울음에 적절히 공감하지 못하는 교회에 비해 산상수훈에서 만난 예수님은 공감으로 가득한 세계를 열어준다. 우는 자들과 함께 울며 교회의 신앙적, 윤리적, 제도적, 정치적, 사회적 지성이 구현되어 변화를 만들어 가야한다.

이 작은 시도는 한국교회를 새롭게 하고 한국 사회를 정의롭게 하라는 하나님의 요청에 대한 작은 응답이다.

이 흔들리는 시대에 정곡을 찌르는 날카로운 교회의 창의성이 제대로 나타나기를 기대한다.

한국기독교교회협의회 청년위원회 위원장
허원배 목사

차 례

1부_
청년이 떠나는 이유

1부
청년이 떠나는 이유

청년 신자들은 왜 교회를 떠나는가? _ 전세훈

2017년의 한국교회, 청년·여성의 시각에서 묻다 _ 백소영

"교회에서 안식 얻고 싶다"라는 청년들 _ 최승현

솔라 에페부스(Sola Ephebus: 오직 청년으로만) _ 남기평

청년 신자들은 왜 교회를 떠나는가?
: 기독교 청년들이 교회를 떠나는 이유에 대한 네 가지 구조

전세훈
(청년단체 배움품앗이 대표)

1. 들어가는 이야기: 내가 교회를 떠나기까지

나는 교회에 다니지 않는 기독교인이다. 그러나 분명 나는 예수를 주로 고백하는 기독교인이다. 나는 교회에 다니지 않지만 예수가 보이신 신념을 따라 살고자 한다. 개인적으로는 매일 성경을 읽고, 기도를 하고 있다. 신학에도 관심이 많아서 사회학과 신학을 잇는 작업을 해나가고 싶다. 그런 나는 교회를 떠났다. 교회에서 여러 봉사도 했고, 수련회도 참석했었다. 또한 대학에서도 기독교 동아리에 잠시 몸을 담았었다. 그랬던 내가 현재는 가나안 성도가 됐다.

내가 교회를 떠나게 된 결정적인 사건은 이러하다. 교회를 떠나기 직전에 내가 다니던 교회에서 소그룹장을 맡게 되었다. 소그룹 장을 맡게 되었을 때 목회자는 나에게 다음과 같은 것을 부탁했다. 우선은 어떤 주제로든 소그룹 내에서 토론하지 말아야 하고, 두 번째는 어떤 이유에서든 교회를 절대로 비판해서는 안 되고, 세 번째는 목회자의 말에 '절대적인 순종'을 해야 한다는 것이었다. '절대 순종'을 여러 차례 강조하던 목회자는 '목회자의 말에 절대 순종'을 해야 하나님께서 복을 내린다고 했다. 한 귀로 듣고 한 귀로 흘려들을 말이었다. 이전부터 교회에서 목회자에 대한 순종 강요는 있었던 일이었고, 어느 집단이나 크고 작은 갈등이 있었기에 그냥 넘어갔다.

그러나 권위를 강조하던 목회자와 나와의 갈등은 곧 터지고 말았다. 우리 소그룹 안에 지적장애를 가진 여성이 참여하도록 하게 되면서 생긴 문제였다. 나는 담당목회자에게 남성들로만 이루어진 우리 소그룹에서 장애인 여성을 옮겨달라는 부탁을 했다. 그게 어려우면, 이 장애인 여성과 동행해줄 여성 청년 한 명을 부탁했다. 그동안 우리 소그룹 내에 있는 다른 구성원들은 몇 번이고 옮겨주었고, 다른 소그룹 역시 마찬가지였다. 그런데 그 장애를 가진 여성만 안 된다는 것이었다. 담당교역자는 "너를 훈련시키기 위한 도구인 그 장애 여성을 옮겨줄 수 없다"라는 말을 했다. 나에게 그런 힘든 섬김이 있어야 사랑을 배운다는 것이었다. 나는 소그룹의 목적이 한 사람, 한 사람이 신앙생활을 잘하도록 돕는데 있는 것이라고 말했다. 다른 방식을 써야지, 사회적 약자를 도구화해서는 안 된다고 했다. 그런데 "그 아이는 사랑받는 데 둔감하기 때문에, 좀 안 챙겨도 되니 괜찮다"라는 말을 했다. 나는 분노가 치밀어 참을 수가 없었다. 그 말은 절대 따를 수 없다고 하였다.

이 일이 있은 후에 '목회자의 권위를 모독한 청년을 훈육시키겠다'는 일념 하에 목회자와 교회 임원들이 나를 두고서 이간질과 모욕적인 발언들을 일삼았다. 정말 견디기 힘들었던 것은 나와 가까웠던 사람들과 나를 이간질 하는 것이었다. 청년부 담당 목회자는 내가 하지도 않은 말을 퍼뜨렸다. 내 가슴을 짓눌렀던 것은 이 일에 대한 다른 청년들의 반응이었다. 아무리 잘못을 해도, 목사님은 하나님이 내려주신 권위를 가지고 있기 때문에 내가 참고 이해해주어야 한다는 것이었다. 목사님께서 기도하고 결정하신 일이니 무조건 따라야 한다는 것이었다. 당시는 내 가족이 무척 아플 때였다. 교회 사람들은 이 사실을 알고 있었다. 교회에서 단 한 명만이라도 병원에 찾아온다면, 혹은 그 장애인 여성에게 사과한다면 내가 교회에 찾아가서 용서를 구하고, 1년 교회에 헌신하겠다는 말을 내 주변 사람들에게 했다. 그러나 그런 일은 없었다.

잔인했던 교회는 내 인생에서 교회를 지울 수 있게 해주었다. 내가 다녔던 교회는 사이비가 아니다. 용인시에 위치한 고신교단 소속의 교회로, '건강한 교회'로 언론에 몇 번 보도가 됐던 중간 규모의 교회다. 나는 이 사건 이후로 교회를 마음 편히 떠날 수 있었다. 그 이후로 반 년 동안 주변에 있는 4개 정도의 교회에서 예배를 드려보았다. 그러나 그 역시도 나를 교회에 머물게 하지 못했다. 나는

'교회 밖'에서 더 많은 신앙의 성장을 경험할 수 있었다. 나를 교회 밖으로 밀어낸 교회의 여러 가지 요소들에 대한 고민을 다시 가다 듬었다. 청년으로서 교회를 다니고 싶지 않도록 만드는 것은 교회가 가진 구조였다. 그 구조에 대한 설명을 이어가고자 한다.

이 글에서는 다음의 네 가지 구조를 통해서 교회에서 청년들이 떠나가는 과정에 대해서 다루고자 한다. 네 가지 프레임은 ① 성공 지상주의 ② 개인화된 신앙 ③ 폐쇄성 ④ 권위주의이다. 이 네 가지 요소가 어떤 식으로 청년들이 교회를 떠나가게 하는지에 대해서 내 경험과 이번 조사결과를 바탕으로 하여 써 내려갈 것이다.

2. 성공지상주의: 하나님께 실망하다

램프의 요정이 된 하나님

한국교회에서 신앙생활을 하면 하나님은 '램프의 요정'이 되어 버린다. 하나님의 존재 여부, 그리고 하나님의 역사하심에 대한 여 부를 우리가 내는 기도제목 성취 여부로 결정하는 문화가 교회를 장악했다. 내가 다니던 교회들, 그리고 함께 신앙생활을 했던 사람 들이 전반적으로 이 부분에 취약하다. 기도하다가 기도가 이루어지 지 않으면 '역사하시지 않는 하나님'을 원망하며 교회에서 발걸음 을 돌려 버린다.

청년들이 어릴 적부터 배워온 신앙에서 기도 응답의 여부를 확인하는 방법은 '실패와 성공'이다. 이러한 신앙을 통해서 기도 응답이라는 이름으로 하나님께 별 걸 다 아뢴다. 배우자, 직업, 진로 등이다. 물론 기도하는 자체가 나쁘다는 것은 아니다. 기도의 동력이 된다고 주장할 수 있다. 그러나 기도 응답 여부가 하나님의 역사하심의 증거가 될 수 없다. 이러한 교회의 방향은 특히 자신의 기도에 응답받지 못한 청년들을 이탈하도록 만든다. 내 주변에만 해도, 교회를 떠나게 된 계기 혹은 신앙생활을 하지 않은 이유로서 '응답하지 않는 하나님'을 꼽는 것을 종종 볼 수 있었다. 기도에 응답하고, 그렇지 않고는 하나님께서 판단하실 영역이다. 그럼에도 최소한의 신앙적인 소양을 가르치지 않은 채, 하나님을 '램프의 요정'으로 전락시켜버린 한국교회의 문화는 반성해야 한다.

하나님을 믿는다는 것이 자신의 기도 제목이 이루어지는 것을 보장하는 것이 아니다. 또한 하나님을 믿는다고 해서 꼭 성공하는 게 아니다. 신앙의 방식을 자신이 원하는 바를 들어주는 하나님으로 이해한 청년들에게 있어서 하나님은 잔혹한 분이다. 세속적 성공을 누군가는 이루어주고, 누군가는 그렇지 않기 때문이다. 이 엇나간 이해가 지속적인 신앙생활을 어렵도록 만들고 있다. '열성적인 성도'를 만들어 내기도 하지만 한편으로는 실망하여서 발걸음을 돌리게 하는 청년들을 탄생시킨다. 오랜 기간 동안 해놓은 기도가 이루어지지 않을 때 느끼는 실망감을 청년들이 이기기 힘들다. 신앙에 대한 본질을 조금만 더 철저하게 가르쳐 왔다면, 청년들이 자신의 기도가 이루어지지 않는 것에 대해서 실망하지는 않았을 것이다.

특히 성공지상주의와 개인화된 신앙이 맞물리면 위험하기만 하다. 한국교회식 신앙의 판단 기준은 자신의 행복과 불행, 이 둘 중하나로 좁혀져 있다. 행복한 것은 하나님의 축복이고, 불행한 것은하나님의 징계가 된다. 그래서 자신도 모르는 사이에 '나에게 유익한가'가 하나님의 역사하심에 대한 판단 기준이 되었다. 이 때문에예수의 신념을 따라 살 때에 겪는 고난에 동참하고, 세상의 빛과 소금이 되는 일은 멀리하게 되었다.

순종이라는 이름의 사기극

신앙의 개인화에서 가장 많이 나타나는 것은 '짠'하고 나타나기다. 교회에서 잠시 잠적했다가 어떤 시험에 합격하면 나타나는 것이다. 그러고는 간증대에 올라 '하나님이 이루어주심'을 간증한다.내가 예수를 믿기 때문에 이렇게 성공했다는 것이다. 그래서 헌신을 하면 된다는 식의 논리를 펼친다. "시험 보느라 바빴는데, 기도하고 성경을 읽어서 더 시험을 잘 봤다"는 식의 논리다. 설사 성경보고 기도해서 성공했다는 게 사실이라고 치자. 더 열심히 교회에순종하고, 헌신했으나 '실패한' 청년들은 뭐가 되는가. '실망스러운하나님'을 떠날 것이다.

더 심각한 문제는 교회에서 이러한 '순종이라는 이름의 사기극'이 벌어지고 있다는 데 있다. 교회에서 이행하는 여러 활동을 제대로 수행만 하면 비전을 발견하고, 성공할 수 있다는 등의 '사기극'이 아직까지 교회에서 계속되고 있다. 교회에서 하는 선교, 봉사, 교육 등에 '잠시만' 참여하게 되면 기도가 이루어질 것이라는 식의 논리다. 신앙의 본질이 자신의 욕망을 채워주는 것이 아님에 대해서 어렸을 때부터 배웠다면, 이러한 사기극은 일어나지 않았을 것이다.

단기적으로 '램프의 요정 하나님'으로 청년들을 붙잡아 둘 수 있다. 그러나 장기적으로는 그렇게 될 수가 없다. 사회구조적으로만 봐도 그렇다. 노동시장 구조와 사회 양극화 수준을 따졌을 때는 수많은 청년들이 성공하기 어렵다. 안정된 일자리는 존재치 않는다. 공무원 경쟁률은 100:1이 넘은지 오래고, 대기업은 매년 채용인원을 줄이고 있다. 온갖 고생을 해서 대학을 졸업한 청년들을 기다리고 있는 것은 비정규직과 아르바이트다. 단 10%의 성공을 하나님을 믿으면 다 할 수 있다는 식의 논리를 교회에서 가르치고 있다. 상식선에서 생각해봤을 때도 '하나님 믿어서 잘된다'는 이야기는 청년들에게 기만으로 들린다. '기도를 하니 다 성공 했더라'는 수많은 청년부 예배의 간증은 대다수의 청년들에게 비웃음을 살 수밖에 없다. 고도 성장기의 담론을 현재까지 적용시키려는 헛된 시도가 지금도 계속되고 있다. 성공지상주의는 성공한 소수 외에 다수가 발걸음을 돌리도록 만들어버리는 매개가 되어 버린다.

무엇보다 공동체의 역할이 성공담 나누기 따위로 전락해버린 상황에서 교회는 필요치 않다. 후에 신앙의 개인화 측면에서 다루겠지만, 개인의 성공이 목적이 된 신앙에 있어서 교회는 필요치 않다. 어차피 신앙이 드러나는 방식이 세속적 성공이라면, 다른 방법으로 해도 된다. 램프의 요정인 하나님이 자신의 기도를 이루어주지 않는데, 굳이 교회를 다닐 이유가 없다. 물론 기약 없는 기다림을 갖는 이들이 있을지 모른다. 그러나 이러한 방식은 "언젠간 정규직으로 전환시켜준다"는 말로 인턴들에게 가하는 노동착취 수준의 행동이다.

성공지상주의는 거대한 사기극이다. 이제 청년들은 이 거대한 사기극에 속지 않는다. 교회는 솔직하게 응답해야 한다. 하나님을 믿는다고 해서 세속적 성공을 이루고, 남부럽지 않게 살 수 있는 것이 아님에 대해서 말이다. 그렇지 않고 계속해서 '기도 만능'으로 청년들을 붙잡아 둔다면, '하나님이 기도에 응답하지 않아서 실망하는' 일들이 비일비재할 것이다. 신앙의 기준을 바꿔야 한다. 그렇지 않으면 청년들은 교회를 떠나게 될 것이다.

3. 신앙의 개인화: "공동체는 필요 없다"

신앙의 개인화

교회 소그룹 모임 등을 하다보면, 드는 한 가지 생각이 교회 내부는 사회문제에 상당히 둔감하다는 것이다. 오랜 기간 보수교회를 다녀온 나로서는 그 사실을 더욱 강하게 느낀다. 동성애에 대한 쟁점 정도를 제외하고서는 교회 내부에서 사회 문제를 이야기하는 것은 상당히 꺼려한다. 소그룹 모임에서 세월호, 비정규직 문제 등의 사회적 이슈들의 이야기를 함부로 꺼냈다가는 곤혹을 치를 때가 더러 있다. 교회에서는 그런 이야기를 해서는 안 된다는 것이다. 대개 이런 말을 하는 경우는 교회는 복음을 전하는 곳이기에 그렇다는 것이다.

교회에서 중요시 여기는 것이 개인의 신앙생활과 교회의 질서인 모습이 심심치 않게 보인다. 교회를 열성적으로 다니는 청년들이 '교회 비판을 하지 말라'는 요구를 내게 많이 한다. 이유는 교회는 기도하고, 예배드리러 오는 곳이지 그 이상의 기능 같은 것을 얘기하면 힘들다는 것이다. '신앙심이 떨어진다'는 것이다. 자신은 혼자 은혜를 받으러 오기 때문에 교회 개혁 등에는 관심이 없다는 말을 많이 듣는다.

경험적 연구에서도 이 사실은 잘 드러난다. 이번 NCCK 청년위원회와 한국기독청년협의회의 조사결과에서 청년들이 어떤 교리에 집중하는지를 살펴보면 '구원'이라는 결론을 얻을 수 있다. 이번 조사에서 '현재 종교를 선택한 가장 큰 이유'를 '나(가족)의 구원'(54.5%)이라고 응답하였다. 신앙의 형태 역시 외부적인 문제보다는 내적 문제에 집중한다. 청년들은 종교를 가지게 된 가장 중요한 이유로 '내적인 평안'(44.7%)을 꼽았다. 가장 많은 조사 항목으로 꼽히기도 했다. '한국교회가 해야 할 역할'에 대해서도 '심리적 안정'(31.8%), '교회의 순기능'에서도 '심리적 안정'(37.5%) 꼽음으로써 내적인 평안을 종교가 줘야 한다고 이해하고 있다.

개인화된 신앙은 청년들을 교회에서 떠나도록 만들고 있다. 개인화된 신앙은 '자신만 잘하면 되도록' 만든다. 개인의 성공에 집중하는 문화에서는 '신앙은 성공의 도구'가 되어 버린다. 어울려 살아야 할 공동체가 필요한 것이 아니다. 세속적 성공뿐 아니라, 개인 차원에서의 구원까지도 문제가 된다. 개인 차원에서의 구원만을 강조하는 신앙에 있어서는 '공동체'의 역할 대신에 자신의 신앙적 구원과 기도에만 집중하는 것이다. 개인화된 신앙은 사회 문제에만 등을 돌리게 하는 것이 아니다. 교회 공동체의 필요, 다른 사람과 더불어 살아갈 필요를 없어지게 하는 것이 개인화된 신앙이다.

개인화된 신앙인들 역시도 자신이 무너졌을 때, 돌아갈 공동체가 없게 되는 문제에 부딪히게 된다. 나 역시도 어려운 일이 있으면 교회에 선뜻 도움을 청하기가 어려웠다. 주말마다 보는 사람들이고, 서로의 고민도 나눈다. 그러나 그 문제를 지혜롭게 해결해주는 연습이 잘 되어 있지 않다. 이 때문에 교회가 개인화된 신앙인을 양산하는 시스템인 상황에서는 청년들이 공동체로서의 가치를 느끼지 못하게 되는 것이다.

교회는 왜 존재하는가?

이 지점에서 '교회는 왜 존재하는가'를 고민해볼 필요가 있다. 청년들은 교회에 출석하는 이유를 '내적 평안과 가족의 구원'으로 꼽았다. 그렇다면 교회를 떠나서도 교리적인 것과 개인의 경건 생활만 잘하면 구원을 받게 될 것이기 때문에 교회를 나갈 이유가 없게 되는 것이다. 가나안 성도인 내 입장에서만 봐도 지금까지 '나만 잘하면 되지'라는 생각이다. 인터넷과 도서관을 통해 유수의 신학자들의 신학적인 접근을 볼 수 있는 시대에 교회에서 얻을 것이 마땅히 없다. 개인의 성공이라면 교회에 갈 시간에 혼자 무언가를 하는 편이 훨씬 낫다.

교회에서 집중한 '신앙의 개인화'는 교회에 다닐 이유를 없애는 근본적인 요인이다. 고도성장 시대의 성공이 교회를 다닌다고 이루어질 리도 없고, 신앙 공동체의 이유가 단순히 개인의 구원을 얻기 위해서라면 교회를 갈 필요가 없다. 후술하겠지만, 권위주의와 폐쇄성으로 얼룩진 교회 문화까지 버티면서 청년들이 교회를 다닐 이유가 없다. 신앙의 여러 목적 중 하나인 연대를 잊었기 때문에 교회를 떠나게 되는 것이다.

교회가 신앙 공동체라면 사회, 그리고 주변 사람과 함께 하는 공동체여야 한다. 청년들이 교회의 존재 목적에 대해서 '내적 평안을 위한 공간'으로 이해하고 있는 데는 설교의 영향이 크다. 신앙과 사회적 연대를 예수의 가치관으로 하고자 하는 공동체가 되지 못했기에 청년들이 공동체의 필요를 잊고 있는 것이다. 더욱이 성공지상주의와 맞물려서 성공한 사람만 집중하는 교회이기에 신앙 공동체로서 그 가치를 잃어버리게 된 것이다.

4. 폐쇄성: 고립된 교회, 떠나는 청년

폐쇄성과 이질성

교회 안에는 여러 루머들이 존재한다. 교회 설교나 청소년과 청년 집회에 심심치 않게 등장한다. 이를테면 대중음악은 거꾸로 돌리면 "악마의 음악이다"와 같은 주장이다.[1] 갑작스럽게 날아 들어온 교회 단체 카카오톡방(이하 단톡방)에는 스타벅스는 악마의 문양이니 하는 근거 없는 이야기들이 교회를 통해 전해진다. 그 외에도 세월호 유가족 배상금, 차별금지법[2] 등에 대한 근거 없는 얘기들이 대표적으로 내가 경험했던 것들이다. 문자와 카카오톡 메신저 등을 통해 사실관계 없는 소식이 아무렇지도 않게 전해진다. 유언비어에 대한 사실관계의 확인은 역시나 이루어지지 않는다. 이런 유언비어들을 그대로 믿으며 전파하는 청년들이 상당히 많이 존재한다. '영적인 세계'가 있다는 굳은 믿음 하에서 이루어지는 참담한

---

1 이를 '백워드매스킹'이라고 한다. '백워드 매스킹'이란 테이프를 빨리 감아 다 돌리고 이를 반대편에 걸어 재생하는 것을 말한다. 대표적인 사건들이 소녀시대 및 손담비의 노래를 거꾸로 재생하면 음란한 메시지가 들린다는 논리이다. 이는 지난 5월30일 강남의 한 대형 교회에서 영화 〈회복〉의 조감독 박성업 씨가 '현대 미디어에 대한 올바른 이해'라는 주제의 강연에서 나온 것이다. 이러한 내용들이 교회에서 다루어지고는 한다.

2 이 글에서는 정치적 쟁점에 대한 찬반 논란을 다루고자 하는 것이 아니다. 정치적 쟁점에 대한 루머들이 설교 시간이나 소그룹 모임 시간에 아무렇지도 않게 설파되는 점을 지적한 것이다. 흔히 '긴급기도요청'이라는 이름으로 이런 루머들이 빠른 속도로 퍼져나간다. 이를 무비판적으로 수용하는 문제를 말하고 싶은 것이다.

사건들이다. 세상의 소리와 구분되는 것까지는 좋다. 그러나 엉뚱한 세계관을 가지고 세상과 단절을 일으킨다. 이런 얘기들이 떠도는 것은 '정말 일반적인 교회'들에서 심심치 않게 일어나는 일들이다.

현재 한국교회는 세상과 단절된 모습을 가지고 있다. '구분된 삶'을 살아야 하는 것은 알겠으나, 구분이 아니라 단절이 되어 있다. 교회가 기존에 가지고 있던 문화와 조금이라도 다르게 되면 '세상의 것'이라고 선을 그어 버린 채로 대화를 거부해버린다. 무엇보다 교회 내부는 토론이 불가능한 곳이다. 폐쇄성이 강한 조직문화를 가지고 있다. 폐쇄성은 세상과의 구분이 아니라 '단절'하도록 만들어 낸다. 특히 우리 삶의 많은 문화들에 대해서 대화나 토론 없이 '그냥 하면 안 된다'고 단정해버린다.

대화하는 법을 잊은 교회에서 가르치는 방식은 청년들에게 이질감을 심어준다. '세상의 것'과 '교회의 것'으로 구분된 교회교육이 아무렇지도 않게 이루어진다. 사실 세상은 우리가 살아갈 곳이다. 청년들은 교회가 아니라 세상에 사는 사람이다. 그런 청년들을 '교회 안'에만 묶어두려고 한다면, 청년들은 교회 밖으로 나갈 수밖에 없게 된다. 교회만이 가지고 있는 특수한 문화들로 청년들을 잡아두려고 한다면 당연히 청년들은 교회를 떠날 수밖에 없게 된다. 교회가 아닌 세상에서 더 많은 시간을 보내야 할 청년들이 교회만이 가지고 있는 문화로 '교회 밖'의 문화에서 느끼는 이질성은 클 수밖에 없기 때문이다.

고립된 교회들이 사용하는 마지막 방식이 유언비어들을 이용한

'세상의 악마화'다. 악마화는 적을 만들어서 소수 청년들을 붙잡는 정도의 기만술에 불과하다. 과거 십자군 전쟁이 그랬듯이, '세상에 대한 악마화'로 인한 기독교 청년들의 고립은 일부에 대한 충성도를 높일 뿐 발전적인 방법이 아니다. '대중음악은 악마의 음악', '스타벅스 악마설' 등의 방법으로 겁을 주어 교회 안에 가두는 방식은 대다수의 청년들에게 이질감을 주어서 교회에서 발걸음을 돌리도록 만든다.

신학 발전의 저해

한국교회의 폐쇄성이 만들어낸 이질성은 세상에 적응하지 못하는 그리스도교 청년을 만들어 교회에서 마음을 떠나게 한다. 적응하지 못하는 그리스도인으로 성장하여서 돌연 신학의 길을 걷거나, 아니면 교회 안에서만 성장하는 청년들을 많이 봤다. 이질성이 가진 문제는 교회 안의 폐쇄적 문화를 부정하면 '내일이라도 당장 지옥에 떨어질 것 같은' 착각을 심어준다. 이 착각을 하도록 만들만큼 교회 안에 신학이 무너진 상태다.

폐쇄성은 세상과의 단절을 만들고, 세상과의 단절은 신학적 발전을 저해시킨다. 신학은 세상을 그 나름대로의 방식으로 이해하면서 발전해 왔다. 세상에 대한 문제들을 기독교적 세계관으로 이해하고자 하는 노력을 통해서 발달해 왔다. 세상을 이해하고자 하는 노력이 없는 상황에서 성경을 더 되짚을 필요가 없다. 오히려 세상을 알려고 하는 지식이 없기 때문에 성경을 더 보지 않게 된다. 진보하려는 노력이 없기 때문에 공부할 필요가 없게 되는 것이다.

진보하지 못하는 신학적 흐름에 청년들은 동의하기가 어렵다. 교리에 관심이 많은 만큼 세상과의 소통이 필요하다. 기성세대가 이해한 바와는 다르게 현재 청년들은 교리에 관심이 많다. '현재의 교회를 선호하는 이유'로서 꼽은 가장 많은 내용은 '말씀이 좋아서'(30.5%)였고, '교리에 동의함으로'(24.9%)가 그 다음을 차지했다. 이는 청년들의 신앙에 있어서 교리적인 부분이 상당히 중대한 이유로서 꼽힘을 알 수가 있는 측면이다. 이른바 '가나안 성도'라고 불리는 '신앙은 가지고 있지만, 교회에는 출석하지 않는 기독교인'들 역시 교회를 다니지 않는 동안 하는 것이 '성경과 신앙서적을 읽는 것'(38.1%)이라 응답하였다. 이 점을 비춰볼 때 교회는 신학적 발전을 저해하는 폐쇄성을 고쳐나가며 청년들과 대화할 수 있어야 한다.

교회는 고립되어야 할 곳이 아니다. 오히려 세상과 활발하게 소통해야 할 곳이다. 신학은 세상의 문제에 대한 치열한 고민을 통해서 완성된다. 세상에 대한 정확한 문제의식과 여기에 대한 신학적 검증과정에서 교회는 발전한다. 그리고 이 주체가 청년이 되어야 청년들이 자신의 문제에 대해 교회 안에서 답을 찾을 수 있다. 현재 청년들을 교회 안으로 붙잡아 두기 위한 '폐쇄성'은 오히려 신학발전의 저해와 청년들의 이탈이라는 현상을 만들어 낸다. 청년들을 위해, 앞으로 미래 세대를 위해서 폐쇄성은 반드시 해결해야 할 부분이다.

심각한 문제로서 발생하는 것 중 하나가 폐쇄성을 뒷받침하는 '목회자 권위주의'다. 신학을 목회자의 영역으로 한정짓는 경우가 너무 많다. 내가 청년부에 성경공부를 요청했을 때가 있었다. 청년부 담당 교역자의 말은 '어차피 해봐야 청년들이 이해 못할 테니, 굳이 할 필요 없고, 시간이 없다'는 것이었다. 그래서 '우리끼리 세미나를 열겠다'는 의견을 내자, 성경 해석은 신학교육을 받아야만 할 수 있다는 것이다. 목회자만이 성경을 읽고 해석할 수 있다는 오만은 구텐베르크 이전 인쇄술이 발달하지 않았을 때의 발상이다. 이런 발상을 아무렇지도 않게 한다. 세상에 대한 이해가 부족한 신학전공자의 시선으로만, 세상을 보고자 하기 때문에 폐쇄성은 더 짙어지게 된다.

5. 권위주의: 교회의 제도 개혁을 불가능하게 하다

목사교, 교회를 떠나게 하다

기독교를 지칭할 때 '목사교'라는 비아냥은 괜히 생긴 게 아니다. 기본적인 피드백이 되지 않으니 바뀔 수가 없는 것이다. 성공지상주의가 낳는 엄청난 폐단 속에서 한국교회 개혁을 힘들게 하는 요인은 교회의 권위주의다. 권위주의를 넘어서 목회자의 위치가 하나님의 위치까지 올라왔다. 교회와 목회자의 권위에 순종하라는 이야기는 교회를 다니는 수많은 청년들이 겪는 일이다. 이번 설문조사의 '교회 개혁을 위한 한마디'에서 여러 번 나온 것이 이러한 권위주의에 대한 비판이다.

나 역시도 교회에 다니면서 가장 불편했던 것은 목회자에 대한 무리한 순종 요구였다. 잘못된 권위에 순종하라는 말을 한두 번 들은 게 아니었다. 교회에 다니는 동안 '목회자의 설교에 대한 비판을 불허한다'는 것을 수차례 들었다. 담임 목사의 설교 중에 "정권이 바뀌면 국가가 어지러워 질 것이다"라는 말씀을 하셔서 그것은 "좀 아닌 것 같다"라는 말을 했다가, 다른 청년들이 "목사님한테 왜 그러냐"라며 눈물을 흘리는 모습을 보고 충격을 받았다. 담임목사의 권위는 거의 하나님에 가까웠다. 인간은 실수할 수 있다는 한계마저도 감히 목사에게는 해당되지 않는 것이었다.

이런 분위기에서 교회 개혁은 불가능에 가깝다. 교회에서 아무리 문제가 있더라도 목회자의 잘못 그리고 교회의 잘못을 다 인정해주어야 하는데 개선은 불가능에 가깝다. 조직 내부의 문화가 자꾸 이렇게 되다보니, 교회 발전을 위한 움직임 자체가 차단을 당한다. 교회를 개선하고자 하는 욕구들이 '목회자에 대한 도전'이 되어버리는 한국교회에서 교회를 바꿔 나갈 수가 없다.

이번 조사에서도 나타났듯이 청년들은 민주적인 의사 결정 구조를 원한다. 교회가 가진 문제로 '일방향된 의사결정구조'를 꼽았다. 특히 교회에 출석하지 않는 이유 중 하나가 '얽매이기 싫어서'이다. 여러 욕구가 가득한 청년들을 절제시킬 수만은 없다. 그럼에도 교회에서는 무조건적으로 청년들을 억누르고자 한다. 권위주의 문화가 해체 되고, 사회적으로 민주화와 수평적 요구가 제시되는 시대에 청년들이 교회 문화에 적응 못하는 것은 당연한 일이다.

교회 개혁은 청년이 하는 게 아니기에

나 역시도 다니던 교회부터 바꾸자는 것이 내 본래 생각이었다. 나름대로 기존의 틀을 유지하면서 이를 바꿔가기 위해서 임원들과 목회자들을 수도 없이 만나서 대화하였다. 그러나 이 시도는 번번이 막혔다. 목회자가 정한 방향은 하나님이 정해주신 것이기 때문에 안 된다는 것이었다. 사실 목회자와 한 번 만나기 위해서는 대기업 임원을 만나듯이 교회 임원들 몇 명을 거쳐서 2주 정도 전에는 약속을 잡아야 했다. 이런 수직적인 문화에서 개인의 창의성 따위는 필요치 않다.

특히 교회 개선이나 사회 참여를 교회에서 이야기하면, "좋은 의견이지만, 목회방침에는 간섭하지 말라"라는 말을 가장 많이 듣는다. 성공지상주의, 배타성, 신앙의 개인화 속에서 신학의 질적 저하와 교회 문화의 이질성을 계속해서 조장하고 있는 것은 권위주의다. 교회의 개선은 곧, '목회자에 대한 도전'으로 간주되는 교회 분위기에서 청년들이 설 곳이 마땅치가 않다. 현재 출석하는 교회의 문제점으로 꼽은 것 중 가장 많은 부분을 차지하는 것은 '비민주적인 의사구조'(19.6%)였다. 이 점을 비춰볼 때, 교회가 나아가야 할 과제는 내부에서 자유롭게 의견이 개진되고 토론이 될 수 있도록 해주는 것이다. 그렇지 못하게 되면 교회가 가진 문제들은 개선이 되지 못한 채, 청년들이 계속해서 떠날 수밖에 없도록 만들 것이다.

나에게 교회는 그런 곳이었다. 기독교에 대한 교리를 알 수 있는 것도 아니었고, 교회가 해야 할 역할 같은 건 배울 수 없는 곳이었다. 내가 경험한 바로는 교회는 교리에 대한 궁금증을 가지거나, 사회적 역할에 대해서 고민하면 안 되는 곳이었다. 교회와 목회자에게 얼마나 순종하고 있는지, 교회 안에 활동을 얼마나 열심히 하는지가 신앙의 척도가 되었다. 교회의 엇나간 분위기를 해결하고자 다른 신앙인들과 대화도 많이 해보았고, 내가 출석하는 교회에서만이라도 바꿔 나가고 싶었다. 그러나 목사가 아닌 평신도로서 교회 개혁은 할 수 없는 일이다.

교회 내 권위주의는 제도개혁을 불가능하게 만드는 가장 큰 장애물로서 남아 있다. 자신이 원하는 교회의 모습을 그려서는 안 되고, 오롯이 목회철학에만 의존해야 하는 교회에서 청년은 주체가 없다. 권위주의 문화는 청년들에게 의무만을 요구할 뿐, 권리를 주지 않는다. 이 때문에 미래 세대가 원하는 교회의 모습을 만들어갈 희망이 보이지 않는다. 함께 기도하고, 연대하여서 하나님이 우리에게 주신 사명을 이행하면서 만들어가는 것이 신앙 공동체다. 이를 짓밟는 권위주의는 청년들의 발걸음을 돌리도록 한다. 그뿐 아니라 교회 개혁을 가로막고 있다.

6. 맺는 글: 교회로 다시 돌아가기까지

나는 예수의 신앙을 신념으로 삼고 산다. 그런 내게 교회는 오히려 그것을 방해하는 곳이 되어 버렸다. 공식적으로 출석하는 교회를 떠난 후에 여러 교회를 다녀봤지만, 이 역시도 교회를 떠나야 할 이유를 만들었다. 교회를 통해 예수를 믿고, 예수의 삶을 따르는 일은 어려워졌다. 복음서의 청년 예수가 강하게 비판했던 세상이 교회 안에 존재한다. 다시 예수가 살아 돌아온다면, "이곳은 나의 아버지의 집이다"라며 채찍으로 교회를 후려칠지 모를 일이다.

내가 25년간 경험한 한국교회는 현재 적폐(積弊)다. 세상 속 악질적인 문화가 교회 안에 심각하게 들어가 있다. 한국교회를 양적 성장을 가능하도록 했지만, 한편으로는 망치고 있는 요소들이다. 이 글을 중심으로 짚어보면 다음과 같다. 발전주의 국가의 제도적 유산인 성장지상주의가 교회의 방향성이다. 신앙은 성장의 도구가 됐다. 자신만 잘되고자 하는 교회의 방향성은 신앙의 개인화를 만들어 냈다. 이 때문에 공동체의 필요를 점점 없애고 있다. 이런 문화를 유지하고자 하는 폐쇄성과 권위주의는 한국의 관습이다. 이 문화들을 끝끝내 유지하여서 자신의 기득권을 챙기는 한국교회의 모습은 청년들의 발걸음을 돌리게 만든다.

적폐청산을 위한 한국교회의 방향은 예수를 믿는 믿음을 넘어서, 예수의 삶을 신념으로 삼을 수 있도록 해주어야 한다. 예수께서는 하층민조차도 미워하시는 이들과 먹고 마셨던 분이시다. 세상의 힘없고, 소외받은 이들을 복음서의 주인공으로 만드셨다. 또한 세상의 불의에 분노하셨던 분이 예수시다. 너무도 다른 모습이다. 세상의 불의에는 침묵하고, 성공한 사람에게만 주목하고, 더불어 사는 것 대신에 개인의 성공을 바라고, 세상과 대화하기를 포기하고, 교회 개혁은 평신도가 하는 것이 아니라고 가르치는 것은 예수 정신에 위배된다.

나는 예수를 믿는 사람이기에 다시 교회에 가고 싶다. 조금 이상적인 얘기지만, 예수를 신념으로 따르도록 돕는 교회, 그리고 그런 사람들이 존경받는 교회가 된다면 청년들이 돌아올 것이다. 우리는 어느새 본질을 잃었다. 그 본질을 회복하는 데는 시간이 걸릴 것이다. 내가 교회의 트라우마를 극복하는 데 걸리는 시간보다 더 오랜 시간이 걸릴 것이다. 그러나 예수가 신념이라면, 해야 할 일이다. 올해는 종교개혁 500주년이 되는 해다. 다시 청년 루터의 반박문을 한국교회에 걸어야 할 때다.

2017년의 한국교회,
청년·여성의 시각에서 묻다

백소영

(이화여대, 기독교학과 외래교수)

신앙을 늘 새롭게 하는 종교, 개신교?

종교개혁, 정확하게는 기독교 개혁 500주년이 되는 해다. 루터가 95개조 반박문을 내걸었던 1517년을 기점으로 한다. 하지만 따져보면 루터 이전에도 교회 공동체의 신앙과 실천에 개혁이 필요함을 외친 선구자들은 많았다. '거위의 꿈'을 노래하며 뒤에 올 루터 '들'을 기다리며 루터보다도 한 세기나 전에 순교했던 얀 후스처럼 말이다. 아니, 르네상스의 기치에 따라 '근원으로'(ad fontes) 거슬러 가는 길목에 예수께서 선포하시고 친히 삶으로 본을 보이신 '원안'을 따라 산 신앙의 선배들이 어찌 없었을까. 그러나 본디 산 신앙이 시간을 지나 제도화의 길을 걷게 되면 많은 사람들이 근원을 잊기 마련이다. 처음 지도자의 말씀, 그와 관계했던 추종자들의 생생한 증언으로부터 점점 멀어지면서, 결국엔 예수께서 그렇게나 저항하셨던 특권의식과 율법주의적 마인드를 갖게 된다는 말이다. 예수 시절 성전 중심의 유대교를 고수하던 제사장, 서기관, 바리새인들이 그러했듯이, 중세 말기엔 교황을 정점으로 한 가톨릭교회의 사제들이 그러했다. 이에 '프로테스트'하며 다시 예수의 복음으로 돌아가자던 루터의 외침은 오늘날 '개신교'(改新敎) 즉 '늘 새로이 신앙을 개혁하며 산다는 종교'를 낳았다. 그리고 다시 500년이다. 에른스트 트뢸치가 관찰한 사회학적 관찰에 따르면, 이제 개신교도 슬슬 제도화의 단점들이 드러날 때가 되었다.[1] 우리가 경험하는바 오늘날의 한국교회도 트뢸치의 예견에서 자유롭지 못해 보인다. 2017년 한국교회는 과연 신앙을 새롭게 하고 있는가? 이 질문에의 응답이 부정적임을 교회 안팎의 사람들 모두가 안다.

청년들, 교회를 말하다

이러한 때에, 한국기독청년협의회와 NCCK 청년위원회가 한국

---

1 종교사회학자 에른스트 트뢸치(Ernst Troeltsch)는 기독교 2천년의 사회적 가르침을 정리한 대표적 저서 *The Social Teaching of Christian Churches*에서 '교회' 유형과 '종파' 유형을 나누었다. 신앙적 개혁은 종파 유형으로부터 시작하나, 결국 제도화의 끝에서는 다시 '교회' 유형이 되어버리는 것을 관찰하며, 그는 두 유형 간에는 일종의 변증법적 리듬이 있다고 보았다.

정책리서치에 의뢰한 "청년의 교회/종교에 대한 의식 설문조사" 분석 결과가 나왔다. 평소 청년들의 의미 추구에 관심이 많았고 더구나 교회 관련 의식에 대한 따끈따끈한 결과물이라니 욕심이 나서 냉큼 글쓰기를 수락했다. 그런데 솔직히 자료의 내용을 리뷰한 시점에서는 난감하다. 기독교인과 비기독교인을 대상으로 했다고 했지만, 응답자 중에서 종교생활을 하고 있는 청년이 65.8%라는 것은 표본을 어떻게 추출했는지에 대한 의문을 들게 한다. 유의표본추출(purposive sampling)로 총 1,329명에게 설문을 진행했다고 하는데, 이미 가진 표본이 기독 청년들 위주였던 것으로 보인다.[2] 종교를 가진 응답자 중 개신교가 86.7%, 가톨릭이 5.9%라니(불교 3.8%, 원불교 2.7%, 천도교 0.2, 이슬람 0.1, 기타 0.5), 너무나 개신교에 집중해 있는 샘플링이다. 더구나 '개인적으로 가장 선호하는 종교'가 '개신교 58.5%, 가톨릭 15.3%'(한국정책리서치 자료집, 24. 이하 페이지만 괄호 안에 표기), 현재 교회에 출석하고 있는 사람들이 무려 55.3%(30)라는 것은 '종교' 전반에 대한 균형 있는 대답을 듣기 어려운 분포다.[3] 차라리 의식 조사의 범위를 개신교로 제한하는

---

[2] 현재 종교를 선택한 가장 큰 이유에 대한 답이 "나(가족)의 구원을 위해"가 54.8%로 가장 많았는데(이하 "마음의 평안을 얻기 위해"가 25%, "부모님의 강요로" 8%, 친구들의 강요로, 2.4%, 정치 사회적 활동을 위해 2.1%, 봉사활동을 위해 1.1%, 기타 6.6.%, 자료 9), 종교인과 비종교인 전체를 대상으로 하는 설문의 워딩으로서는 너무나 개신교적 색채를 강하게 보인다. 더구나 "현재 교회 출석 여부"에 보면 항목이 아예 "출석하고 있음, 기독교인이지만 출석하지 않음. 무교, 타종교인"이라는 세 범주만이 등장한다. '타'라는 말이 시사하는바, 이 자료조사가 '종교 일반'에 대한 인식을 담기 위함이라고 보기는 어렵다.

[3] 이 자료를 가지고, 한국 청년 전반에 있어 "남성이 여성에 비하여 개신교인 경우가

것이 좋았겠다 싶다.

　설문의 적절성에도 의문이 든다. 예를 들어, 청년층임에도 교회에 출석하는 사람의 경우 출석 기간이 10년 이상인 사람이 86%라면(33) 모태신앙이거나 어려서부터 가족분위기에서 교회를 다닌 청년들의 수가 압도적임을 알 수 있다. 교회를 옮긴 경험이 없는 경우가 가장 많고(27%.2%), 한 번 옮긴 경우가 24.1%라면 현대 도시적 환경(서울, 경기권이 많았음)에서는 이동이 적었다고 볼 수 있다. 연령에 따라 옮긴 횟수가 많아지는 것(19~29세는 한 번이 많고, 30~34세는 두 번, 40세 이상은 3번)은 후기근대의 도시 환경에서는 전혀 새로운 발견이 아니다. 다음 설문응답에서도 발견되듯이 이사, 직장, 입학 등의 지역 이동이 59.4%로 가장 많았고 교회를 떠난 사람들도 가장 많은 이유가 '개인 사정'(49.4%)이었다(35, 60). 이러한 데이터는 교회 갱신이나 개혁을 위해서는 아무 것도 말해주

많고, 반면에 여성은 남성에 비하여 가톨릭, 불교와 원불교가 상대적으로 많았다"(한국정책리서치 자료집, 7쪽)고 결론내리기는 빈약하다고 본다. 이 통계자료로 "서울, 경기권은 다른 지역에 비하여 개신교가 많았고, 강원도와 전라도는 상대적으로 가톨릭이 많았다, 그리고 충청도와 전라도는 다른 지역에 비하여 불교가 상대적으로 많았다"(한국정책리서치 자료집, 7쪽)는 결론 도출도 무리가 있다. 서울, 경기권이 64.1%라는 점에서 이 자료의 결과를 '전지역'으로 일반화하기 어려운 점이 있다. '청년'의 범주에 대해서도 질문이 생겼다. 만 19세~60세까지라고 했는데, 물론 새로운 생애주기에 따라 연령 구분을 다시 하자는 제안이 나오는 시점이기는 하다. 그래도 사회 문화적 외부환경의 변화가 급격했던 대한민국 사회임을 고려할 때 60세까지를 '청년'의 범주에 넣는 것은 무리가 있지 않을까 싶다. 물론 응답자 대부분은 20~39세(20~24세가 32.2%, 25~29세가 27.8%, 30~34세가 19.1%, 그리고 35~39세가 10.2%, 40세 이상 7.9%, 한국정책리서치 자료집, 3)이기는 했지만, 굳이 표본 집단의 연령 상한선을 60세로 상정할 근거가 무엇인지가 궁금했다.

는 바가 없다. 오히려 질적 인터뷰를 병행하여 '교회 내 갈등/분란' (11.2%)이나 '교회와 사회, 정치적 견해가 달라 힘들어서'(10.8%) 교회를 옮겼다고 응답한 사람들의 상세한 설명을 담아내었어야 했다.

내가 요청받은 것은 '여성주의적 시각'에서 청년들의 응답을 유의미하게 읽어내는 작업이다. 응답자의 성별과는 별도로(응답자의 49.1%가 여성), 설문지 질문 내용을 살펴본 결과 '여성'이라는 키워드로 읽어낼 수 있는 문항이 거의 없었다. 설문 응답에 대한 분석 시 성별을 구분하여 제시했으나, 이 역시 촘촘하게 기획되었다고는 보기 어렵다. '남성이 여성에 비하여 나(가족)의 구원을 위해라는 응답이 많은' 반면 '여성은 남성에 비하여 마음의 평안을 얻기 위해' 그리고 '부모님의 강요로'라는 응답이 상대적으로 많다고 했는데 (9), 그 편차가 크지 않고4 질적 설명이 없다보니 이를 기초로 합리적인 추론을 하기 어려웠다. 물론 이 자료를 근거로 "여성이 남성보다 더 정서적, 감정적이기에 '구원'이라는 영적 목표보다는 현재의 마음의 평안을 더 갈구하는 성향이 있다"라고 주장할 수도 있겠으나, 이런 접근 방식은 여성성, 남성성에 대한 문화적 편견을 그대로 수용하고 그에 근거하여 수치를 해석하는 오류를 범하는 것이다.

오히려 '교회 청년'들의 변화된 인식을 반영하는 부분은 성별을 밝히고 싶지 않은 3.7%(49명)이었다. 너무나 '당연'하게 남성과 여성으로 나누는 방식에 '프로테스트'하는 젊은이들이 '무려' 49명이

---

4 (가족 구원에 대한 답변이 59.5%와 52.1%, 마음의 평안 추구가 21.1%와 28.1%, 부모님의 강요였다는 답이 7%와 8.4%인 것(11)

나 되었다니 말이다. 이 수치는 49명이 모두 성소수자라는 의미는 아닐 것이다. 사람을 '남성/여성'으로 걸러내는 획일적 사고에 대한 저항이다. 그러나 이러한 주체적 자기 인식의 등장은 고무적이라 할지라도, 이 설문의 경우는 가부장제적 문화의 관성이 아직까지 존재하는 사회에서 여성으로서 살아간 사람들, 남성으로 살아간 사람들의 답이 어떤 방식으로 달라지는 지를 알아보기 위해서 성별 분류가 필수적인 요소라고 본다. 따라서 설문의 의도를 정확하게 전달하고 양해를 구했어야 한다. '밝히고 싶지 않음'보다는 그 이유 와 자신의 자리에서 다양한 결의 목소리를 듣는 것이 가능하도록 질의-응답 방식을 달리 접근했으면 하는 아쉬움이 남는다.

현재 종교생활을 하지 않는 청년들은 그 이유로 '믿음이 없기 때문'(29.8%), '얽매이는 게 싫어서'(22.9%), '성직자나 성도(교인, 신자)에 대한 실망'(17.3%), '바빠서'(14.9%), '교리에 대한 실망'(8.9%)을 언급했는데(57), 이를 남자와 여자로 다시 구분하여 수치화된 자료만 가지고 "남성이 여성에 비하여 교리에 대한 실망이 많고", "여성은 남성에 비하여 믿음이 없기 때문"이라고 결론짓는 것도 무리가 있어 보인다(12). 그럼에도 남녀를 떠나 이 자료는 청년들이 교회를 떠나는 요인에 대해서는 시사점을 준다고 본다. '얽매이는 게 싫어서'나 '바빠서'는 청년들이 직면한 후기-근대적 삶의 정황을 반영한다. 또한 '성직자나 성도에 대한 실망'이나 '교리에 대한 실망'은 교회가 '대안 공동체'로서의 기능을 제대로 수행하지 못함을 드러내는 결과다. 뒤의 두 문항에 답한 청년들은 교회를 다니고 있다가 그만둔 경우로 유추할 수 있는바, 현재의 교회가 지적 · 이성적으로 성장해가는 청년 구성원에게 유의미한 성서 해석을 제시하는 일에 실패하고 있다고 볼 수 있다. 또한 무한 경쟁의 사회 속에서 학업과 직장에 지친 청년들이 위로와 힘이 되는 관계를 교회 안에서 체험하지 못하고 있음을 보여주고 있다. '얽매이기 싫어서' 교회에 출석하지 않는다고 하면서도, 혼자서 성경, 신앙서적 활용하거나 자유로운 신앙 모임에 참여하고 영상매체를 통한 예배를 드리고 있다는 답변은(58), 교회를 떠난 청년들 모두 신앙을 잃거나 세속화되었기 때문으로 매도할 수 없음을 드러낸다. 끊임없이 평가되는 계산적 관계가 과잉된 현 사회에서, 교회가 청년들에게 공동체로서 어떻게 관계해야 하는지를 고민하게 하는 결과다.

교회 소그룹 혹은 성도와 나누는 대화의 주제가 '삶의 고민'(57.7%)으로 가장 높았다는 것은(46), 같은 맥락에서 생각해 보아야 한다. 가장 긴급한 삶의 고민들이 쏟아져 나오지만 정작 그에 대한 종교적 대답을 얻는 일은 어렵다는 답변은 교회가 청년들의 삶과 의미에 영향을 미치지 못하고 있음을 보여준다. 청년들의 생활에 큰 영향을 주고 있는 요소로 종교를 손꼽은 응답자는 겨우 4.4%였다. 이 조사의 응답자 상당수가 개신교 신앙을 가진 청년들이었음을 기억할 때, 이들이 자신들의 생활에 가장 큰 영향을 주는 요소로 돈(30%), 친구(20.8%), 부모(9.9%), 유명인/연예인(9%)의 순으로 응답한 것은(66), 한국교회로 하여금 반성과 과제를 동시에 제시하고 있다고 본다. 기독 신앙은 본디 맘몬적인 세상 질서에 '대안'(alternative)이 되는 삶을 가르쳐 왔거니와, 청년들이 이런 신앙적 핵심에 영향을 받지 못하고 있다면 가능성은 두 가지이다. 한국 개신교가 맘몬을 좇고 있어서 대안이 되는 삶의 본을 보이지 못하고 있거나, 현재의 기독 신앙이 세상을 살아가는데 실효성을 가지는 사회적 복음의 내용을 전하지 못하고 있거나. 청년들은 종교가 자신의 삶에 어떤 도움이 주느냐는 질문에, 해결이 아닌 '마음의 위로를 준다'(56%), '잘 될 거라는 확신을 준다'(18.5%)는 감정적 위로를 제시했다. 심지어 '도움이 되지 않는다'(16.2%)라는 대답도 있었다. 응답자들이 명시했듯이 지금 청년층의 가장 큰 고민이 취업(53.7%), 생계(22.1%), 진로(15.7%), 결혼 및 연애(5.6%)인 마당에(69) 교회가 감정적 위로만을 제공한다는 것은 안타까운 일이다. 오히려 적은 비중이었으나 '물질적, 인적 도움을 준다'(3.6%)는 응답자들의 상세한 정황이 궁금해졌다. 이 응답이 한때 '고소영'으로 회자되던 상층 인맥의 핵심 장소로서의 교회를 의미하는 것이 아니기를 바란다. 실제로 아직 수는 적지만 청년들의 열악한 생계 상황을 직시하면서 이를 가장 시급한 사회 선교의 일환으로 보며 교회의 장소나 인적 인프라를 적극 활용하여 청년들에게 숨과 쉼을 허락하는 교회들이 생겨나고 있다. 만약 이런 교회를 다니거나 이러한 교회들의 사회 선교를 통해 도움을 받은 경우라면, 개별 사례를 더 담아낼 수 있었으면 한다.

결국 교회가 하나님의 가족 공동체로서 이 땅에 존재하는 가장 큰 역할은, 서로를 살려내는 일이다. 권위와 소유를 나누며 형제자매로 함께 살아가는 수평적인 관계 공동체가 교회라고 믿는다. 초대교회가 가장 그에 가까웠다. 그러나 청년들은 현재 출석하고 있는 교회의 문제점으로 '비민주적 의사 구조'(19.6%)와 차별/혐오적인 발언(여성, 장애인, 성소수자 등)(11.5%)을 들고(50), 이상적인 교회의 모습으로 '작지만 건강한 교회'(47.9%), 예배분위기가 좋은 교회(17.6%), 민주적인 의사소통이 가능한 교회(17.2%)를 말했다(53). 특히 25~29세가 차별/혐오적인 발언에 대해 예민했다(16%)는 분석은 막 사회를 경험하는 청년들이 능력 위주의 사회 시스템과 여전히 성차별적 응시나 언어가 존재하는 교회 사이의 온도 차이를 더 강하게 느끼고 있음을 반영한다고 본다. 결국 청년들이 바라는 교회는 수평적이며 인격적인 관계의 힘이 가득한 공동체로의 회복이다. '원안'을 바라는 거다.

'한국교회 개혁을 위한 한마디'라는 마지막 짧은 문항에 대한 응답들에서 청년만의 구별된 메시지가 읽히지는 않았다. 장년층 신앙인들도 동일하게 지적하는 한국교회의 문제들, 즉 성장 중심의 교회 유형에 대한 비판, 불투명한 교회 재정이나 세습 등 시대에 역행하는 운영, 비민주적이고 권위적인 목회자들의 태도 등이 지적되었다. 응답 분석은 여성 인식이나 여성들의 의미를 구별하여 파악하기 어려움이 있었는데, 일단 여성에 대한 언급은 '목회자가 불륜과 성추행을 그쳐야 한다'라는 항목이 하나 적혀 있는 정도였다(94). '성소수자나 무슬림도 존중해야 한다'라는 입장을 넓은 의미로 해석할 때, 교회 안에서 차이에 근거한 차별이 없어야 한다는 의미로 읽을 수 있겠다. 이 조사에서는 '여성 혐오나 비하'에 대한 범주나 이에 대한 의견을 들을 수 있는 문항이 없었다. 서술형 응답을 요구한 이 부분에서는 보다 개혁적인 외침이 많았는데, 앞의 분류 기준에 따라 남자와 여자, 연령별, 그리고 교회에 다니는 사람들과 아닌 기독교인 사이에 어떤 차이가 있는지가 드러날 수 있었다면 하는 아쉬움이 있다.

교회 청년 여성들에게서 듣다

결국 이 자료만으로는 청년들이 인식하고 있는 한국교회에 대한 '여성주의적' 분석을 도출하는데 어려움이 있었다. 그러나 다행히도 올 한 해는 기독교 개혁 500주년을 맞아 여러 기독교 단체에서 설문이나 인터뷰, 집담회 모임을 개최한 바 있고, 마침 연사나 패널로 참여한 현장에서 얻게 된 교회 청년 여성들의 목소리가 있기에, 이를 보충자료로 삼으려 한다.

올해 5월에 열렸던 청어람 〈청년사역 컨퍼런스 2017년〉의 주제는 "청년사역과 페미니즘"이었다. 사례 발표로 〈뉴스앤조이〉에서 3월 17일~24일까지 일주일간 353명의 교회 청년(20~30대)에게 조사한 '교회 내 여성혐오'에 대한 설문(여성과 남성 성비 8.4: 1.5)이 소개되었다. 교회 청년 여성들이 그동안 교회 안에서 들어온 이야기들이 담겨 있는데, 압도적으로 '남성'인 목회자, 사역자들의 여성 응시가 담겨있는 말들이 고발되었다. 이 사례들을 정리한 이지

혜 기자는 응답자들의 답을 세 범주로 나누었는데, 외모나 복장 나이를 언급하는 문화적 전제가 반영된 말들이 첫째이다.

"'얼굴이 야하게 생겼으니 조심하라'는 말을 들은 적 있더랬죠." "찬양팀 싱어였는데 다같이 연습하는 시간에 찬양 인도하는 목사님이 나를 보며 글래머러스하다고 말했다." "남자 집사님들이 저나 제 친구들에게 '엉덩이가 커서 애를 잘 낳겠네~'라고 말했어요." "목사님께서 설교 중에 웃자는 의도로 '여자들이 화장 안 하면 교회 분위기가 칙칙하다'라고 하셨다." "어떤 남자 집사님이 저더러 그렇게 입으면 남자 형제들이 어떻게 시험을 이기냐며 '성폭행은 그렇게 일어나는 거다'라는 식으로 얘기를 했죠." "교회 사역팀 소개를 하는데 형제들은 능력 위주의 소개였는데 자매들은 외모 위주의 소개말이었음." "20살 새내기 여자 대학생이 학생부 선생님으로 오자 '김 선생님은 우리 부서에서 화사한 꽃이다'라고 했음" "여자 나이 3X인데 얼른 시집가서 애 낳아야지 공부는 무슨 공부냐" 등의 발언. "기도하고 있었더니 전도사가 와서 무슨 기도하느냐고 물어봤어요. 그냥 인생이 너무 안 풀려서 힘들다고 했더니, 나이를 묻더라구요. 2X살이라고 했더니 '아 그럼 이제 슬슬 기도 빡시게 해야겠네! 슬슬 자궁 말라비틀어질 나이잖아'라고 하셔서 황당했던 기억이"(청년사역 컨퍼런스 자료집, 39~41. 이하 페이지만 표기).

두 번째 범주는 성에 따른 역할 제한이었다.

"교리 수업 중에 결혼 후 남편에 대한 내조 강조." "교회 행사 때 여성은 한복, 남성은 양복이고 장로는 남자밖에 없어요. 여성은 주방 봉사와 전도면 끝." "여성 신학생들은 교회 목회가 아닌 특수 목회를 생각하시라. 이 나이 들어서 여자에게 머리 숙이는 것도 그렇고, 교회에는 남자 목회자가 있어야 본이 선다." "성경을 보면 본래 여자는 남자를 섬기며 바깥 일이 아닌 집안일을 해야 한다고 했다"(41~43).

범주화하기는 했지만 사실 응답자들이 불편해했던 여성 응시는 기원이 같다. 가부장 사회에서의 여성 응시이기 때문이다. 세 번째 범주로 분류했던 설교 시간의 성차별적 언사들 역시 같은 맥락이다.

"대학생을 대상으로 한 설교에서 목회자가 이슬람의 예를 들며 '여자는 아이를 많이 낳아야 전도와 포교에 도움이 된다'고 했습니다. 경력이 단절될 염려에 대해서는 '하나님이 알아서 도우실 문제이니 그저 믿고 아이를 많이 낳으라' 했습니다. 이어서 여자들이 소리를 내어 아이를 많이 낳겠다고 서약하게 했습니다." "'남편이 바람을 피우는 이유는 집에서 아내가 스스로의 역할을 잘하지 못하기 때문이다. 가정폭력도 남자의 기를 죽였기 때문이다' 등 모든 문제를 결국에는 '여자탓'이라는 듯이 말씀하셨다"(43~44).

서서울 IVF 여성 간사들을 중심으로 올해 결성된 〈갓페미〉 모임을 통해 '고발'된 교회의 여성 응시도 매일반이었다. 교회에서 '참자매'가 되어야한다며 강조했던 성품이나 특징들을 나누었는데, 외모에 있어서는 "화장 잘하는, 여리여리한, 치마 주로 많이 입고, 키도 너무 크지 않은, 드러나는 옷을 입지 않는" 등이, 성격 면에서는 "품어주고, 조신하고, 순종적이고, 반응 잘 해주고, 쎈 언어를 쓰지 않는, 조근조근 사근사근 얘기하는, 형제를 세워주고 인정해주는 말을 잘하는", 그리고 신앙 면에서는 "수련회 때 방언으로 기도하지 않는, 눈물도 또르르 예쁘게 흘리는" 여성이 '참자매'의 전형으로 묘사된다는 거다. 기타, "여자가 많이 먹으면 안 되고, 나이가 많으면 안 되고, 성욕을 직접적으로 드러내면 안 되고" 등의 말들이 나왔다 한다(67).

이러한 여성 응시는 5천년 가부장제 사회에서는 늘 있어왔던 일이다. 다만 실질적으로 가부장제가 종료된 후기-근대 사회에 이르자 외부환경의 변화와 함께 이 사회의 젊은 구성원들이 '과거의 응시'에 문제를 제기하기 시작한 것이다. 가부장제란 하나의 제도로서 집안의 '남자 어른'이 주인이 되고 그 식솔들의 생계와 안녕을 책임지는 삶의 방식이다. 그러나 이미 근현대 사회가 기획될 때부터 가부장제의 종말은 예상 가능했던 일이다. 근대 시민사회의 가장 큰 전제는 "모든 사람은 법 앞에 평등하다"라는 것이다. 물론 근대법을 만들었던 시민 계급의 남자들이 '모든'이라는 단어를 사용할 때 이것은 사제 계급, 귀족 계급의 남자들을 향해 외친 말이었다.

그러나 1, 2 계급의 남성들과 권위와 기회를 나누고자 했던 시민 남성들의 저 보편적 외침은 여성들에게도 적용되는 것이 아니던가! 여성의 투표권, 교육권 투쟁 등이 일어났던 건 그래서였고, 결국 자신들을 전근대 사회로부터 해방시켰던 그 원리로 인해 여성에게도 공적 세계에서의 교육과 직업 활동을 인정하게 된 거다. 하여 근현대 사회의 인간형은 '탈성적 전문가 개인'이다. 성별은 공적 활동에 제약을 받는 근거가 아니다. 여성들이 인식 주체로서의 선택과 활동이 가능해지고 경제력을 얻게 되었는데, 어찌 가부장제도가 유지될 수 있겠는가. 여성들은 더 이상 '가산'의 일부로서 '남자 어른'의 시스템 아래 굴복할 필요가 없게 된 거다.

그런데 교회는 왜 지나간 제도적 응시를 끝까지 잡고 있는 '뒤처진 집단'의 대표가 되어 버렸나? 하나는 신앙적 이유요, 다른 하나는 역사적 이유다. '신앙적'이라고 했지만 정확하게는 성서 본문 해석의 문제이다. 성서는 가부장제 사회 안에서 쓰였다. 분명 하나님의 보편 계시가 담긴 책이나 그 계시를 담아낸 사람들은 모두 '남자'였고 '전(前)근대인'이었다는 말이다. 여자가 가산이던 시절, 여자에게는 토라를 가르치지 않던 시절, 여자는 사람 수로도 세지 않던 시절의 문화적 전제와 생활상이 반영되어 있다는 말이다. 그런데 이런 문화적 한계를 구별해내지 못하고 성서의 여성 응시를 그대로 21세기에 적용하고자 하니 문제인 거다. 둘째는 개신교 가정 담론이 형성된 역사적 배경의 이유이다. 근현대 사회의 성질서, 가정 윤리의 형성에 개신교가 크게 기여했다. 시대적 요청과 맞물려 고백

된 신앙 윤리는 일단 완성되고 나면 '신적 권위'가 부여된다. "하나님께서 기뻐하시는 여성의 소명은 남편을 세우고 가정에서 육아와 가사에 힘쓰는 것입니다." 근현대 초기, 도시화와 핵가족화가 진행되는 가운데 '가정의 안주인'으로서의 '전업주부' 역할이 필요해진 상황에서, 강단에서 울려 퍼지는 개신교의 '소명', 특히 엄마와 아내로서의 여성의 소명은 신자들에게 '신적 질서'로 받아들여졌다.

그러나 그리스도인으로서 우리가 붙잡아야하는 것은 시대적 한계를 가지는 문화적 제한성이 아니다. 전근대든, 근대든, 후기근대든, 시대를 초월한 계시의 말씀을 붙잡아야 한다. 하나만 예를 들어보자. 전근대 사회를 살면서도 '가부장제'를 끝내신 분은 다름 아닌 예수셨다. 하나님 나라의 관계적 질서를 선포하시면서 예수께서는 분명 이렇게 말씀하셨다.

그러나 너희는 랍비라 칭함을 받지 말라. 너희 선생은 하나요 너희는 다 형제니라. 땅에 있는 자를 아버지라 하지 말라. 너희 아버지는 한 분이시니 곧 하늘에 계신 이시니라. 또한 지도자라 칭함을 받지 말라. 너희의 지도자는 한 분이시니 곧 그리스도시니라. 너희 중에 큰 자는 너희를 섬기는 자가 되어야 하리라. 누구든지 자기를 높이는 자는 낮아지고 누든지 자기를 낮추는 자는 높아지리라. (마태복음 23장 8~12절)

그러니까! 선생, 아버지, 지도자가 권위를 독점하는 나라는 하

나님 나라가 아니다. 그 나라의 현실태로 살아낼 소명을 가진 교회
역시 그 나라를 닮으려면 선생, 아버지, 지도자라 칭함을 받으며 우
쭐거릴 일이 아니다. 그런데도 여전히 '남자'가, '성직자'가 권위를
독점하는 것이 신적 질서라고 주장하는 것은 반시대적일 뿐만 아니
라 성서적이지도 않다.

교회 안에서, 다시 꿈꾸는 여성들

강남역 10번 출구 인근의 화장실의 여성 살해 사건(2016년 5월
17일 새벽 1시) 이후 "여자라서 죽었다", "난 우연히 살아남았다"라
는 구호와 함께 젊은 여성들을 중심으로 페미니즘 운동이 다시 일
어났다. 이즈음 평소 의문을 가지고 있다가 수련회 남성 주강사의
성경해석에 답답함을 토로하던 한 선교 단체 여자 간사들을 주축으
로 2017년 3월 8일 여성의 날에 맞춰 〈갓페미〉 모임이 시작되었다.

이에 의기투합한 자매 간사들은 겨울 수련회 평가회 등을 보내며,
형제-자매 간사 간 여성 이슈에 대한 온도차를 크게 느끼게 되었
고, 설교 문제뿐 아니라 공동체의 문화, 세계관 등을 학생들과 함
께 짚어보고 공유하며, 연대해 가야할 지점이 많다고 의견을 모았
다. 얼마 지나지 않아 3월 8일 여성의 날을 D-day로 하여 '갓페미'
를 '연합 큰모임'으로 기획하기로 결정했다(64).

'갓페미'의 이름 뜻이 재기발랄하다. 이제 막, 뛰어난, 하나님의 페미니스트란 의미란다. 처음 모임을 가지고 뒤에 듣게 된 다양한 반응들 중 감사했던 것은 "선교단체와 교회 주변부로 밀려나 있던 이들의 반응"이었다고 한다. "놀랍기도 하고 반가워서", "자의 혹은 타의로 공동체 밖으로 뛰쳐나갈 수밖에 없도록 만든 내부적인 문화와 분위기가 일면 개선되려는 시도를 반가워했고, 응원해 주었다"(78)라는 보고에서 우리는 무엇을 알게 되는가? 하나님의 살아 있는 말씀은 생명을 살리는 법이다. 생기 있게 다시 뛰는 힘이 되는 법이다. 그런데 그저 지나간 문화적 전제들을 진리인양 붙잡고 젊은 생명들을 오죽이나 답답하게 옥죄였으면 그리 뛰어나갔겠나. 우리가 잡아야 하는 것은 경전의 '경'(經)줄이다. 지나간 문화적 전제가 반영된 '위'줄을 잡다가는 중세의 가톨릭처럼 뛰어나간 자들이 오히려 산 신앙을 보유한 하나님의 공동체를 만들게 되는 운명을 맞이할 지도 모른다.

여성들은 지난 반만년 동안 제대로 교육받고 자신의 의견을 제대로 이야기할 공적 통로가 없었다. 그녀들의 이야기가 성서에, 기독교 전통에 담기지 못했던 이유다. 그러니 이제 여성들은 남성들과 동등한 교육 기회, 능력 실천을 통해 인류 문명에서 최초로 가장 남성들과 동등하다. 그런데도 교회 안에 여성의 목소리가 없다는 것은 큰 문제이다. 이제 그녀들의 신앙고백과 주체로서의 자기 해석을 들을 차례다.

"불편함이 감지된 그 순간에 바로 대응하기. 악녀, 뻔뻔한 사람, '프로불편러'가 될 필요가 있다. 내 몸 인정하기. 남성의 시각으로 나를 보지 않기. 수련회에서 복장 규정하지 않기. 페미니즘 공부하기. 나를 무조건적으로 지지할 아군 만들기"(68) 여성차별과 혐오적 발언을 하는 목사님들에게… "교단 내에 여성, 소수자들에 대한 혐오 발언을 금지하는 정책을 추진해야 한다. 교회에서 페미니즘 북스터디를 만들거나, 목사님들께 페미니즘 책을 선물하자. 목사님들에게 페미니즘에 관한 관심과 문제의식이 교회 내에 존재한다는 것을 알려야 한다. 설교 피드백 게시판이 필요하다. 좋은 말이나, 상처가 된 이야기들을 전달하자"(69~70).

멋지지 않나? 이제 새로운 기독교 개혁의 바람이 젊은이, 여성들에게서 시작되고 있다. 슬로브핫의 다섯 딸들에게 "그녀들의 주장이 옳다"라고 하셨던 하나님, 말씀을 사모한 마리아에게 "그녀가 좋은 것을 선택하였다"라고 하셨던 예수 그리스도가, 오늘날 교회 안에 남아서 교회를 하나님 나라에 가까운 관계적 공동체로 만들어내고자 자기 목소리를 내기 시작한 청년 여성들의 든든한 뒷배이시다. 그러니 다시 시작하라. 다시 저항하라. 신앙은 성령을 늘 새롭게, 새 그릇에, 새 부대에 담는 법이니.

"교회에서 안식 얻고 싶다"라는 청년들

최승현
(뉴스앤조이 기자)

최근 〈뉴스앤조이〉에 93만 원을 후원한 한 청년이 있었다.[1] 대형 교회를 다니는 직장인 청년이었다. 그는 〈뉴스앤조이〉와 같은 시각으로 한국교회를 바라보는 게 꼭 필요하다는 생각이 들게 되었다며 후원 이유를 밝혔다.

그 청년은 자신의 사례를 들었다. 교회 내에서 부당한 일이 벌어져도 문제 제기를 할 수 있는 의사소통 구조가 없다는 고충을 전했다. 문제 제기 자체가 '교회 공격'이라는 인식이 형성돼 있다고 했다. 애정이 있으니 소리를 내는데, 마치 '아웃사이더' 취급하는 것 같아 이후로는 입을 다물게 되었다고 전했다.

---

1 뉴스앤조이, "93만 원이 입금되었습니다", 2017.07.06
(http://www.newsnjoy.or.kr/news/articleView.html?idxno=211969).

〈뉴스앤조이〉에는 교회에서 몰상식한 일을 겪었다는 청년들의 제보가 이따금 들어온다. 촛불 시위가 한창이던 2017년 초, 교회에서 쫓겨난 한 청년 이야기를 듣게 되었다. 30년간 은혜와진리교회(조용목 목사)를 다녔던 A 씨는 '노란 리본'을 달았다는 이유로 교회 청년부에서 제명되고, 박근혜 전 대통령 옹호 설교를 한 담임목사를 소셜 미디어로 비판했다는 이유로 출교됐다.[2] 권징 재판도 없이 '즉결심판'에 처해진 것이다.

A 씨는 청년부 회장을 맡고, 일일 카페를 운영하는 등 교회에서 활발하게 봉사하던 청년이었다. 청년부를 10년 넘게 섬긴 사람이었다. 그랬던 청년은 부목사에게 "가정에서 아버지가 가장이라면, 교회에는 당회장 목사가 가장이고 아버지이다. 가장 의견에 순종하지 않고 반항하는 것은 용납될 수 없는 일이다"라는 소리를 듣고 내쳐졌다고 말했다. "하나님이 실수하지 않으시면 우리 목사님도 실수하지 않는다"라는 소리와 함께.

다른 사례도 있다. '교회 세습 지도' 기사를 작성할 무렵이었다. 한 청년이 〈뉴스앤조이〉에 연락해 왔다. 수원 세한교회가 세습 절차를 밟는다는 얘기였다.[3] 이 청년도 교회를 오래 다닌 청년이었다. 부자(父子) 목사를 오랫동안 봐 왔다는 청년은, 그들의 심성이 좋긴

---

2 뉴스앤조이, "은혜와진리교회, '노란 리본' 달았다고 교인 제명", 2017.03.08. http://www.newsnjoy.or.kr/news/articleView.html?idxno=209409.

3 뉴스앤조이, "교인 3,000명 세한성결교회 세습 진행 중", 2017.04.12. http://www.newsnjoy.or.kr/news/articleView.html?idxno=210274.

해도 세습은 비상식적인 것 같다고 했다.

그러면서도 청년은 자신이 누군지 절대 알려져서는 안 된다고 신신당부했다. 자신은 세습을 막을 힘도 없거니와 공개적으로 소리 내는 순간 교회에서 쫓겨나기 때문이라고 했다. 이 청년은 교회에 오래 다녔기 때문에 자신이 관계를 맺고 살아온 청년들과 떨어지는 것을 부담스러워했다.

두 청년은 기사가 나간 후 모두 다시 메시지를 보내왔다. 은혜와 진리교회를 다녔던 청년은 "진심으로 이 교회가 문제를 문제로 인식했으면 좋겠고, 하나님 앞에서 건강하고 정의로웠으면 하는 너무나도 당연하고 소박한 바람이 있다"라는 메시지를 보내 왔다. 세습을 비판하며 실망했다는 청년은 "막상 기사를 보니 가슴이 먹먹하고 눈물이 나는 걸 막을 도리가 없더라"라며 모교회가 망가지는 모습이 가슴 아프다는 뜻을 전했다.

교사, 찬양팀으로 '헌신당하는' 청년들

위의 청년들처럼 민주적이고 건강한 교회를 원하는 청년이 많다. 그러나 그들을 바라보는 교회의 관점은 조금 다른 것 같다. 이번 NCCK 청년위원회와 한국기독청년협의회(EYCK) 조사에 따르면 기독교인 응답자 중 86%가 신앙생활 경력 10년 이상인, '믿음 좋은' 청년이다. 이들 중 '주일 예배에만 참석한다'는 응답은 16.8%

였다.

바꿔 말하면 83.2%는 주일 예배만 참석하지 않고 다른 일도 한다는 뜻이다. 청년들은 교회학교 교사(18.4%), 찬양팀(12.1%), 성가대(8.5%), 청년회 임원(8.1%) 등으로 봉사하고 있다고 복수 응답했다.

그런데 헌신하고 있다는 청년들 이야기를 들어 보면, '교회가 청년을 소모품처럼 여긴다'는 생각을 하게 한다. 교회는 이들에게 쉼 대신 '헌신'을 요구한다는 것이다. 〈뉴스앤조이〉가 만난 많은 청년은 교회가 자신들의 헌신을 '당연하게' 생각한다고 증언했다. 헌신하는 게 아니라 '헌신당한다'는 것 같다는 얘기다.

"헌금 열심히 하고, 교회 봉사와 예배 출석 잘하는 것이 '신앙생활 잘하는 청년'의 표징이 될 때 고통스럽다"라는 한 청년부 리더 이야기,4 "예전에는 청년들이 교회 사역을 '개미 지옥'에 빗댔다. 들어가면 빠져나오지 못하기 때문이다. 나중에 힘들어서 그만하겠다고 하면 '수고했다'는 말은커녕 오히려 비난받는 느낌이었다"라는 찬양팀 청년 이야기5가 기사로 소개되자, 독자들은 어느 한 교회 청년만의 이야기는 아니라는 반응을 보였다.

'나의 헌신은 당연하지 않다'라는 주제로 〈뉴스앤조이〉가 8월

---

4 뉴스앤조이, "나의 헌신은 결코 당연하지 않다", 2017.05.01.
  http://www.newsnjoy.or.kr/news/articleView.html?idxno=210679.
5 뉴스앤조이, "[교회 봉사하는 청년③] '동원'하지 말고 '독립성'을", 2017.08.22.
  http://www.newsnjoy.or.kr/news/articleView.html?idxno=212720.

23일 주최한 독자 모임에서도 같은 이야기를 들을 수 있었다. 한 청년은 "목회자들이 기도하다가 네 생각이 났다는 식으로 봉사를 요구했다"라고 말했다.6 영상·디자인 같은 전문 기술이 필요한 분야도 "교회를 위해 봉사하라"라며 시간과 재능을 너무나 당연하게 요구한다는 얘기도 나왔다.

패널로 출연한 DJ진호는 과거 전도사 시절 일화를 꺼냈다. 밤새 편의점에서 아르바이트를 하는 청년에게 "자더라도 교회 와서 자고, 예배 마치고 집에 가라"라고 말했다는 것이다. 삼일교회에서 간사로 오래 일한 권대원 집사는, 목회자들이 평신도 사역자인 간사들을 모아 놓고 "왜 출석률이 이것밖에 되지 않느냐"라며 다그쳤다는 이야기를 소개했다.

기자도 교육전도사 시절 경험을 떠올려 보면, 교역자들은 절대 '악의적'으로 청년들에게 봉사를 강요하거나 출석을 종용하지 않는다. 교회를 위해, 또 그렇게 힘들게라도 교회에 나오면 본인 신앙에 도움이 되니 나오라고 한다. 연말 새로운 봉사자를 찾는 시즌에는, 아무도 안 하게 되면 교회학교가 죽고 찬양팀이 무너지니 맡아 달라고 한다. 교회를 위한다는, '좋은 뜻'이다. 그러나 이는 청년들이 처한 상황과 삶은 무시하고 '교회 운영'만 생각하는 결과를 낳는다. 결과적으로 청년들은 '소모품'이라는 인식을 받게 된다.

---

6 뉴스앤조이, "나의 봉사는 무엇을 위한 것이었을까", 2017.08.24.
　　http://www.newsnjoy.or.kr/news/articleView.html?idxno=212738.

청년들 "'안식'이 필요해"

조사에 따르면 청년들은 교회에서 안식을 얻고 싶어 한다는 점이 비교적 선명하게 드러난다. "수고하고 짐진 자들아 내게로 오라, 내가 너희를 쉬게 하리라"라는 예수님 말씀을 믿고 교회에 발을 들인 셈이다.

설문에서는 청년들이 생각하는 '종교의 존재 이유'를 여러 가지 항목으로 묻고 있다. '현재 종교를 선택한 가장 큰 이유', '종교의 가장 중요한 역할', '한국 사회에서 종교가 해야 할 역할', '한국 사회에서 종교의 순기능' 같은 질문의 답은 대체로 '심리적 안정'에 초점이 맞춰져 있었다.

종교가 있다고 응답한 이들은 '현재 종교를 선택한 가장 큰 이유'로 54.8%가 '나(가족)의 구원을 얻기 위해', 25%가 '마음의 평안을 얻기 위해'(25%)라고 응답했다. '종교의 가장 중요한 역할'을 묻자 '내적인 평안을 준다'(44.7%)라는 응답이 2위 예배나 의례(24.3%)보다 두 배 가까이 높았다.

종교의 유무와 상관없이 던진 질문에서도 결과는 비슷했다. 전체를 대상으로 '한국 사회에서의 종교의 순기능'을 묻는 질문에 37.5%가 '심리적 안정'이라고 답했다.

개신교인이지만 지금은 교회를 다니지 않는다는, '가나안교인'에게 한국 사회에서 교회가 해야 할 역할을 물었을 때도, '심적 안정'(위로)가 31.8%로 가장 높은 응답을 기록했다. 종교 유무, 교회 출석 유무와 상관없이 교회가 청년들에게 위로를 주기 원한다는 경향이 보인다.

청년들이 너무 개인주의화되지는 않았는지, 기복 신앙에 매몰된 건 아니었는지 생각해 보게 할 정도로 응답의 초점은 '심적 안정'에 수렴하고 있었다. 청년들이 교회의 공공성, 사회적 역할에는 관심이 없나 싶기도 하다.

그러나 청년들에게 '공적 믿음'이 없다고 비난할 일은 아니다. 누구나 다 알듯, 청년들의 삶은 위로가 필요한 만큼 어렵고 고달프기 때문이다. 'N포 세대'라는 얘기는 이제 듣는 사람도 지겨울 정도로 흔한 소리가 됐다.

통계 지표나 정부 정책도 청년이 먹고살기 어렵다는 현실을 보여 준다. 통계청이 2017년 7월 발표한 고용 동향 지표를 보면 청년 실업률은 9.3%다.[7] 취업 준비를 하며 다른 일을 잠시 하는 등의 '실질적 실업률'은 통상 고용 보조 지표3을 활용하는데, 이 수치가 11%다. 실질적 청년 실업자가 20%에 이른다는 얘기다.

4명 중 1명이 실업자면 나머지 3명은 직장 생활을 한다는 뜻일 텐데, 이들의 상황이라고 해서 괜찮지 않다. 통계청이 올해 5월 청년 인구(15~29세) 4,184명을 대상으로 조사한 결과를 보면, 54.2%의 첫 일자리 월평균 임금은 150만 원 미만이었다.[8] 100만 원 미만 월급을 받는 청년은 16.7%다. 한 학기에 25만 명이 평균

---

7 통계청, "2017년 7월 고용 동향", 2017.08.09. http://j.mp/2vPl6pr.
8 국가통계포털, "성별 첫 일자리 월평균 임금", 2017.07.19. http://j.mp/2vP2pSM.

300만 원씩 학자금 대출을 받고 있다는 통계와9, 서울 시내 대학가 평균 월세가 49만 원이라는 통계10까지 합하면 청년의 삶은 아주 절망적으로 보이기까지 하다.

　상황이 이렇다 보니 청년들을 위한 정책까지 등장했다. 서울시는 '청년 수당'이라는 명목으로 2017년 6월부터 서울에 거주하는 청년 중 저소득층이나 장기 미취업 청년을 대상으로 6개월간 매달 50만 원을 지급하고 있다.

　'공정한 사회를 만들어 달라'는 청년들의 목소리도 점점 커지고 있다. 계층 간 이동이 더 이상 불가능하다는 불안과 절망감, 자조는 '흙수저론'으로 표출됐다. 청년들의 의식은 20대 투표율로도 유추해 볼 수 있다. 9월 6일 중앙선거관리위원회가 발표한 '제 19대 대선 연령별 투표율'(최종)을 보면, 20대의 투표율은 76.1%다. 2007년 46.6%에 비해 30%가 올랐고, 2012년 68.5%에 이어 계속 증가 추세다.11

---

9 대학교육연구소, "'대교연 통계' 학자금 대출", 2017.03.16.
　http://khei-khei.tistory.com/2033.

10 "다방, 서울 대학가 원룸 보증금 '전라도의 4배'…월세는 17만원 비싸", 2016.12.14.
　http://j.mp/2vPoikR.

11 중앙선거관리위원회, "제19대 대통령 선거 투표율 분석 결과 공개", 2017.09.06.
　http://j.mp/2vP04HL.

연예인 말 한마디보다 영향력 없는 교회

청년들이 사회에 불만을 표출하고 투표로 세상을 바꿔 보자며 목소리를 내기 시작했지만, 이런 상황에도 교회는 자신들에게 위로를 주기는커녕 구시대에 머물러 있다고 지적했다. '현재 출석하는 교회의 문제점' 응답 1~3위 모두 교회의 시대착오적인 분위기를 반영하고 있다. 예배(설교·분위기)가 문제라는 응답과 비민주적인 의사 구조(19.6%)가 공동 1위였고, 목회자가 발전적이지 않다(18.5%)가 뒤를 이은 것이 이를 뒷받침한다. 특히 '목회자가 발전적이지 않다'는 응답은 취업 스펙을 쌓기 위해 어학 공부를 하고 자격증을 따며 고시촌에서 하루 종일 공부하는 청년들이 보기에, 목사는 그저 '놀고먹는' 집단으로 보이는 것은 아닌지 생각하게 한다.

'한국교회의 문제점'을 묻는 질문에서 교회 성장주의(대형화)가 16.3%였고, 불투명한 재정 구조(14.1%), 지나친 전도 활동(13.2%), 과도한 교회 건축(13%), 세습(12.7%), 교회 내 계급화(12.2%), 목사 자격(11.4%)이 전반적으로 비슷한 응답률을 보였다. 복수 선택이 가능한 질문이었는데 1인당 3.5개 항목을 체크했다. 어느 한 부분만 문제가 아니라는 인식을 지녔다고 볼 수 있다.

청년들은 교회가 심적 안정과 위로를 주기 원했으나, 실제 삶에서 종교는 별다른 영향을 끼치지 못한다고 했다. '청년들의 생활에 영향을 주는 사항'(복수 선택)에서 돈(30%)이 단연 1위를 차지했고 친구(20.8%), 모임(12%), 부모(9.9%), 유명인·연예인(9%)이 뒤를 이었다. 종교는 4.4%로 게임보다도 못했다. 교회는 TV에 나오는 유명인 말 한마디보다도 못한 위치를 차지하고 있다는 성적표를 받아들었다.

무엇이 문제인지 모르는 교회

청년들의 목소리에 대처하는 교단들의 모습은 미흡하다. 미흡할 뿐 아니라 '상식'과 동떨어져 있다는 느낌도 받는다. 청년들의 목소리를 듣고 반영하겠다는 이야기는 별로 없기 때문이다.

청년들이 지적한 문제점을 다시 보자. 이들은 교회 대형화, 불투명한 재정 구조, 지나친 전도 활동, 과도한 교회 건축, 세습, 교회 내 계급화, 목사 자격이 '골고루' 문제라고 지적했다.

청년들은 느끼는 문제, 그러나 교회는 감각이 없다. 세습 방지법을 가장 먼저 만든 기독교대한감리회도 제정한 지 5년이 채 되지 않는다. 그마저 한국 최대 교단이라는 대한예수교장로회 합동(예장합동)은 아직도 관련법이 없다. 교회 재정 수준보다 무리해 빚을 내 건축하는 것을 막는 법도 없으며, 공격적인 방식으로 타인에게 불쾌감을 주는 전도를 지양하자는 결의도 한 적 없다. 재정 장부를 교인들에게 투명하게 공개하자는 교단 차원의 법도 없다. 교단마다 다르지만 목사가 되려면 최소한 30세가 넘어야 하고 그마저 여성에게는 기회를 주지도 않는 교단이 부지기수다. 여성 장로도 마찬가지다.

청년 문제에 대한 심도 있는 논의도 잘 이루어지지 않는다. 교단이 청년 문제에 무감각하다는 인상은 8월 17일 예장합동이 개최한 '미래 전략 수립 포럼'에서도 받을 수 있었다. 예장합동은 사회 현상과 문제에 둔감하다는 비판을 줄곧 받는 교단이다. 그런 교단이 역사상 최초로 연인원 1만 명에 이르는 설문 조사를 하고, 1,000개 교회를 조사해 사회와 교회 흐름을 읽어 보려 했다. 교단 역사상 처음 있는 일이었다.

좋은 조사를 했지만 그러면서 세운 전략은 시의적절하지 못했다. 핵심도 비켜났다. 사실 예장합동은 7월 17일 기자회견을 열어 주요 지표를 먼저 공개한 바 있다. 그때 교단 관계자는 소강석 목사, 오정현 목사 등이 나선다고 예고했다.

기자는 그때 "어떻게 대형 교회 목회자만 불러서 대안을 내놓을 수 있겠느냐"라고 물었다. 일간지 사회면에 지탄받을 사건으로 이름이 오르내리는 목회자가 청년들의 눈높이에 맞는 정책, 교회학교가 원하는 정책을 세울 수 있다고 믿는 것이었을까. 관계자는 일부 패널은 달라질 수 있다고 했지만, 행사 당일 결국 패널은 한 명도 달라지지 않았다.

발제자들은 교회 5곳 중 1곳에 주일학교가 없다는 분석을 내놓으며 개탄했다. 대학-청년부도 마찬가지였다. 대학-청년부가 있는 교회는 45.2%에 그쳤다. 일부 중대형 교회를 빼고는 청년부가 제 기능을 수행하기 어려운 지경이라는 지표였다. 예장합동은 청년부를 구성할 인프라가 구축되지 않아서라기보다는, 청년 세대가 교회를 이탈했기 때문에 대학-청년부 설치 비율이 낮다고 분석했다. 미래 세대를 위한 대책이 시급하다고 입을 모았다.[12]

그런데 교단 목회자들은 '개혁신학 강화'에 주안점을 맞췄다. '개혁주의 인재'를 길러 내야 한다며 강사로 나선 오정호 목사(새로남교회)는 "밥 먹을 때 기도를 한다고 하는 청년·대학생 중 76.4%가 눈을 뜨고 속으로만 기도한다고 한다. 우리는 이 사실을 아주 심각하게 받아들여야 한다"라고 큰소리로 통탄하듯 말했다.[13]

오정호 목사는 교회를 세우는 사람, 가정을 세우는 사람을 길러야 한다고 주장했다. 교회를 세우는 사람은 '안티 기독교'의 공격으로부터 교회를 보호할 수 있는 사람을 말하고, 가정을 세우는 사람은 동성애로부터 교회를 지켜낼 수 있는 사람을 말한다.

그런가 하면 권순웅 목사는 "학생들을 아브라함 카이퍼 사상으로 무장시켜야 거룩한 운동권을 만들어야 한다. 그렇지 않으면 학생들을 급진 좌경 운동권에 빼앗기고 장학금(=돈)만 날린다"라고 말했다. 권 목사는 9월 18일 예장합동 102회 총회에서 서기가 되는 교단 고위 임원이다.

---

12 뉴스앤조이, "국민 75.3% 개신교 불신, 신뢰 회복 방안은 '돈'", 2017.08.17. http://www.newsnjoy.or.kr/news/articleView.html?idxno=212600.

13 뉴스앤조이, "예장합동 교회 28.9% 주일학교 없다는데…", 2017.08.19. http://www.newsnjoy.or.kr/news/articleView.html?idxno=212645.

청년 안건 없는 교단 총회

비단 예장합동만의 문제는 아니다. 〈뉴스앤조이〉도 매년 주요 교단 총회에 참석하지만, 청년층 감소에 대한 논의는 늘 관심사 밖이다. 예장합동 총회 같은 경우, 총대 1,500명은 전부 남성이고 절대 다수가 50대 이상이다. 총회 장소에서 눈에 보이는 청년이라고는 자원 봉사하는 이들과 총대들에게 인사하러 오는 군종목사단의 초임 장교밖에 없다. 목사와 장로로만 구성되는 총회에서 청년 목소리를 낼 사람도, 대변해 줄 사람도 없다는 것은 당연한 일이다.

일부 교단에서 청년위원회·청장년연합회 같은 '청년' 이름이 들어간 단체의 수장이 언권위원으로 참석할 뿐이고, 이 단체의 수장도 '청년'이 아닌 경우가 많다. 오히려 최근 10월 입법의회에 상정할 안건을 추리고 있는 기독교대한감리회 장정개정위원회에는, 청장년위원회에 젊은 사람이 없으니 연령 제한을 47세에서 49세로 상향하자는 안이 상정되기도 했다.

9월은 교단 총회 시즌이다. 주요 장로교단의 이번 총회에 어떤 청년 관련 헌의안이 있을지 찾아봤지만, 딱히 이렇다 할 안건을 찾아보기 어려웠다. 진보적 교단으로 분류되는 한국기독교장로회에 '노회 별로 청년회 활성화 교육을 위한 간담회를 열자'는 헌의안 정도가 올라왔을 뿐이다.[14]

---

14 뉴스앤조이, "'가톨릭 이교 지정'부터 '성 평등'까지, 올해 교단 총회는?", 2017.09.07. http://www.newsnjoy.or.kr/news/articleView.html?idxno=212958.

교회가 정말 청년 문제에 관심이 있고 청년들을 교회의 주역으로 인식한다면, 왜 교단 총회에서 청년 문제가 거론되지 않을까. 사정은 개교회도 마찬가지다. 〈뉴스앤조이〉 독자 모임에 패널로 나선 DJ진호는 "교육전도사로 있던 교회의 청년부 1년 예산이 교회 담임목사 한 달 사례비보다 못했다"라고 말했다. 기자도 교회 재정 문제를 취재하며 비슷한 사례를 종종 본다. 일전에 인천의 한 감리교회 예산 13억 중 담임목사 연봉이 3억 원이라고 보도했다가 고소당한 적이 있다.[15] 그 교회 예산 자료를 보니, 청년부 1년 예산은 360만 원이었다. 한 달 살림이 30만 원이었던 셈이다.

청년을 존중하지 않고 교회 봉사 도구로만 여기면, 이들은 교회에서 계속 떠날 것이다. 출산율 감소에 따른 절대적인 청년 수를 걱정하기에 앞서 생각해야 할 문제다. 존중받지도 못하고 위로받지도 못하는 곳에, 교회를 지속하기 위한 소모품으로 오고 싶은 사람이 있을까.

청년들이 설문 마지막에 적은 '한국교회 개혁을 위한 한마디'를 주목해야 한다. 청년들은 과도한 헌신과 봉사에 힘들어하면서, 교회가 공정하고 상식적이었으면 좋겠다고 주문했다. 청년들의 요구는 이랬다.

△지나친 헌신과 봉사를 강조하는 게 없어져야 한다 △교회 안에

---

15 뉴스앤조이, "13억 예산 중 담임목사 연봉만 3억", 2016.04.06.
  http://www.newsnjoy.or.kr/news/articleView.html?idxno=202825.

피로도가 너무 높다: 안식이 있어야 한다 △봉사를 신앙의 잣대로
삼아서는 안 된다 △청년에게 헌신만 요구해서는 안 된다 △청년
의 실제 고민에 관심을 가져야 한다 △헌금 봉투에 이름 적는 게
없어졌으면 좋겠다 △교인이 목사 종이라고 생각해서는 안 된다
△교인을 돈이 아닌 사랑으로 봐야 한다.

솔라 에페부스
(Sola Ephebus: 오직 청년으로만)

남기평
(한국기독청년협의회 총무)

개혁의 시작? 한국산 중세교회 패치

안타깝게도, 한국은 종교개혁 500주년으로 떠들썩하지 않다. 몇몇 행사가 눈에 띄지만, 그것조차도 소수의 몇몇만 공유할 뿐이다. 종교개혁 원년 1517년 당시, 마틴 루터가 비텐베르크 성채교회 문에 로마가톨릭의 면벌부 판매와 성직자들의 타락을 꼬집으며 95개조 논제를 붙였다. 이 작은 반향이 바로 종교개혁을 알리는 서막이었다. 실로 작은 반향이었지만 시간이 흐르면서 많은 이들이 이에 공감하고, 그 공감이 연대의 끈으로 이어져 개혁의 큰 물결로 바뀌는 순간, 유럽 사회를 뒤흔들기 충분했다. 마틴 루터라는 상징적인 인물이 존재했지만 그를 도와주는 많은 시민들, 종교개혁가들, 귀족들 그리고 제후들이 없었다면 Protestant라는 집단세력은 로마 교황청에 의해서 공중분해 되었을 것이다. Protestant 세력에 뒷받침이 되어준 신학적 명제가 바로, "오직 믿음으로, 오직 은혜로, 오직 성서로, 그리고 오직 그리스도로"였다. 이 명제는 중세교회와 제도를 무시할 수 있을 만큼에 감동과 동력을 마련했다. 그동안 교황청에서 파송된 성직자들에 의해 독점된 성서를 해방시켰으며 영안을 확장시키고, 보편이라고 자처했던 가톨릭의 규율 상자에 갇혀 있던 신앙생활에 자유함을 선물했다. 그야말로 하나님의 은혜였다.

500년 후 한국교회로 돌아보자. 한국 기독교인들, 특히 개신교인들에게 자유와 해방이 있는가? 혹시 '자유와 해방'이라는 단어 자체도 종북몰이의 빌미로 제공되는 건 아닌지 실로 염려스럽다. 한국 개신교는 500-600년 전, Protestant의 후예라고 말할 수 있다. 어떤 방식이든 간에 발을 담그고 있고, 영향을 받았다는 사실을 부정할 사람은 없다. 그런데 현재 한국 개신교는 안타깝게도, 500년 당시 개혁의 대상이었던 중세 가톨릭의 모습과 흡사하다. Protestant의 후예로서의 자질은 상실한지 오래다. 얼마 전, 여러 교단에서 총회가 개최되었다. 총회의 수준과 다뤄지는 안건 그리고 논의되는 수준이 실로 상식 이하이고 어디 내놓기 부끄러울 정도였다. '상식 이하'는 조금 순화된 품평일 게다. 그렇다면, 민주적인가? 이는 더욱 갈 길이 멀다. 여성 총대는 10%이하이며, 청년총대는 가뭄에 콩이다(심지어 투표권이 없는 언권위원이 대부분이고, 이마저도 없는 경우가 태반이다). 더 나아가 낯 두껍게도, 여성 안수는 성경으로 볼 때 전혀 근거가 없는 것이라며 허용불가 방침을 자랑스럽게 천명한다.

2000년 전으로 돌아가 예수님의 공생애를 살펴보면, 예수님 곁에는 제자들뿐만 아니라 마리아를 비롯한 여성들이 있었고 그들에게 복음을 전파하시고 제자로 받아들이셨다. 그야말로 파격이었다. 더 세월을 거슬러 올라가보면, 사사시대에도 여성사사가 있었다. 루터를 예를 들어보면, 그의 아내 카타리나 폰 보라도 종교개혁가들의 연석회의에 동석했고, 후대의 평가와 더불어 그녀도 당연히 종교개혁가의 일원 중 하나로 받아들여졌다. 다시 한번 한국교회로 돌아온다면, Protestant의 후예라고 혹은 개신교라고 본인 자신들이 당당하게 이야기할 수 있겠는가? 도대체 어디서 굴러먹다가 온 자들일까? 엄밀하게 따지면, '목사'라는 성직 자체도 성경에 존재하지 않는다. 제사장과 레위인의 의미를 비유와 역사적 맥락을 통해서 해석할 따름이다.

루터가 각 교단 총회를 돌아본다면 경을 칠 것이다. 모르긴 몰라도 아마 칼뱅은 좌절할 것이다. 내가 주창했던 개혁교회와 개혁의 본질이 온데간데없이 사라지고, 교회가 막 돼먹은 수준으로 전락했기 때문이다. 더 놀라운 사실은 한국개혁교회 일선에서 주도하는 일당들은 루터의 종교개혁 500주년보다는 츠빙글리와 칼뱅이 시작한 개혁운동을 종교개혁의 시작으로 보고, 이를 준비한다고 야단들이다. 2017년 종교개혁 500주년에 고민하지 않는 개혁의 과제들이 2-3년 후, 칼뱅이 주도권을 가지고 개혁의 칼날을 휘둘렀던 개혁의 날을 기념한다고 해서 달라지는 게 있는가? 하루 빨리 정신

차리시기를 간절히 바란다. 개혁의 본류는 무엇인가? 바로 저항은 기본이요, 기존의 질서 체제를 무너뜨리고 다시 그리고 계속해서 재정립하거나 리모델링할 수 있는 용기이다. 저항과 용기는 한국교회 종교 기득권들에게 눈 씻고 찾아봐도, 언감생심이다. 페미니스트인 정희진은 '개혁'을 다음과 같이 말한다.

> Re-formation, 혁명은 이름과 의식을 바꾸는 것이지만, 개혁 (re/formation)은 몸의 형태를 바꾸는 것이다. 개혁은 글자 그대로 살갗을 벗기는 것, 피가 쏟아질 수밖에 없다(때문에 어느 시대나 개혁을 외치는 지도층은 스스로 피 흘리는 고통을 보여줄 때, 국민을 설득시킬 수 있다)(『페미니즘의 도전』, 정희진).

역사가들은 중세교회의 패악질들을 많이 소개한다. 그리고 계몽주의를 거친 유럽의 지성사에서 중세를 암흑시대로 정의한다. 근대는 이성의 개념이 나타나고 정교화 되면서 근대철학의 역사가 발전하게 되고, 이곳저곳에서 앞 다투어 이성의 설계도를 대중 앞에 선보인다. 이 이성의 시대 전 중세를, 이성이 도래하지 않는 시대 그리고 이성의 맹아조차 보이지 않는 시대로 판명했다. 그런데 어찌 보면 현재의 한국교회가 16세기 유럽 중세 말기를 그대로 대변하는 모양새다. 어떠한 타협점도 보이지 않고 세속적이지 않다고 고백하지만, 몇몇 대형교회와 정치목사들은 누구보다도 세속적이어서 정교유착의 본을 보이고 있다. 정교유착은 수구세력의 본거지이고, 정치적으로나 신앙적으로나 온갖 불통과 배타의 모습을 몸소 시연한다. 또한 이것도 폼나는 권력이라고 생각하기에 교권을 서로 갖기 위해 이전투구(泥田鬪狗)는 기본이요, 교권정치에 있어서 고소, 고발을 훈장처럼 자랑하는 형국이다. 대한민국 사회는 국민이라면 누구나 한 표를 행사할 수 있으며, 만 18세 투표권을 외치는 시대가 되었지만, 교회는 특정 나이든 총대들에게만 투표권이 있고 이들에게 결정권이 몰빵 되어 있다. 그래서 선거판에 현찰이 도는 것은 예사이고, 이를 당연하게 여긴다. 세습(엄밀히 말하자면 부의 세습이다)은 말할 것도 없으며, 모든 절차와 과정들이 돈으로 안 되는 것이 없는 한국교회이다. 돈이 교회의 머리이신 그리스도를 대신하여 머리가 되었다. 이는 500년 전 유럽 중세교회사를 거울로 보듯, 시공간을 넘어서 오른손과 왼손만 다를 뿐이다.

헬조선의 청년과 암흑시대의 기독 청년

21세기 한국 사회를 분석하는 여러 단어들이 있지만, 그중 단연 눈에 띄는 단어는 바로 '헬조선'이다. 이 단어는 한국 사회를 적나라하게 보여준다. 우리가 살고 있는 현실이 지옥이라는 말이다. 중세시대도 몇 차례의 흑사병이 유럽 전역을 휩쓸고 간 후, 민중들에게는 죽음 이후의 문제가 화두였다. 너무 지옥 같은 현실에서 벗어나 곧 구원을 받아 사후에는 천국에서 살고 싶은 소망을 품을 수밖에 없었다. 따라서 현세에 집중하기보다는 내세에 온갖 노력을 기울였다. 민중들은 그 당시 성경의 진리나 설교의 말씀을 이해하기 만무했고, 천국 가는 길마저도 오리무중이었다. 그래서 쉽게 다가갈 수 있는 미신과 성유물 장사가 팽배했고, 다양한 신앙 상품들이 개발되었다. 그중 하나가 천국과 지옥의 중간 지대인 연옥이라는 기가 막히는 개념의 발상과 연옥에서 벗어날 수 있는 면벌부였다. 이 상품은 민중들에게 쉽고 간단하게 설득되었으며, 이것이 교회와 성유물을 가지고 있던 교회와 제후들의 부로 연결되었다. 이러한 상품들이 중세시대에는 천국으로 갈 수 있는 일종의 보험으로 여겨졌다. 다시 암흑시대를 지나 헬조선으로 넘어와 보자. 이번 NCCK 청년위원회와 EYCK에서 설문조사한 문답 결과를 살펴보면, 문답결과 중 '종교의 가장 중요한 역할'이 '내재적 평안'(44.7%)으로 나왔다. 두 번째로 높게 나온 대답이 '예배나 의례'(24.3%)이니, 이는 개인의 신앙생활에 대한 대답이 69%가 되는 셈이다. 개인에게 집중된 생활은 중세시대의 신앙 행태와 흡사하다. 현실 사회는 청년들에게 틈을 주지 않는다. 정해진 궤도가 있고, 그 궤도와 더불어 누구나 예외 없는 성장패키지가 청년들의 머릿속을 지배한다.

개인의 안녕을 추구하는 것은 자유민주주의 국가에서 별반 하자가 아니다. 여기에 양념을 치고 장식을 하는 순간, 개인의 안녕 곧 웰빙(well-being)은 자랑거리가 된다. 극심한 경쟁 일변도의 사회에서 개인의 안녕은 바로 경쟁에서 도태되지 않고, 끝까지 일등으로 살아남는 것이 목표이기 때문이다. 종교 특히 개신교는 이 조류를 타는 것뿐만 아니라 앞장서서 선도해 나가고 있는 것이 문제이다. 문답 중 '종교의 영향이 있는 사회의 부분'에서 '문화(24.3%), 봉사(18.2%), 정치(15.3%), 그리고 여론(12%)' 순으로 분포하고 있는데, 예배에서 많은 시간을 할애하고 있는 목회자의 설교나 특별히 담임목사의 설교를 지침으로 삼고 있는 개신교의 분위기가 기독 청년 개개인에 직간접적으로 영향을 미칠 것이다. 한국 개신교가 한국 땅에 100년 이상 자리 잡으며 개신교 문화를 형성했다. 딱 집어서 개신교 문화라고 정의할 수는 없지만, 문화는 말 그대로 사고체계와 행동양식을 담고 있다. 특별하게 금주-금연을 필두로 한 세속의 것을 정죄하면서 형성되는 구별 짓기 문화로 드러나며, 사회-문화 전반을 분석하는데 있어서도 이 문화가 작동할 수밖에 없다. 이 기준은 성서의 해석을 바탕으로 한 것이 아닌, 개교회 담임 목회자들의 해석이나 신앙 선배의 해석이 주를 이룬다. 이는 정치나 여론을 바라보는 관점과 사회 사건과 쟁점들을 바라보는 관점도 동일하게 적용된다. 선/악이 나눠져야 하며, 질문보다는 정해진 답에 모든 사건과 현상들을 끼어 맞춰야 하는 경우가 매번 발생한다. 또한 아직도 서열문화가 남아있는 대학 내에서나, 직장 내에서 이러한 모습은 유연성 없는 불통으로 비춰진다. 집단-서열 문화가 개인에게 주는 폭력에는 적절한 문제 제기가 필요하지만, 구별 짓기 문화는 사회생활을 처음 하는 기독 청년들에게 큰 시련을 준다. 집단이 준 시련은 이들에게 부적응이라는 꼬리표를 달게 만든다.

　한국교회 신앙생활은 선택을 강요한다. 이를 하나님의 뜻이라고 치환하지만, 이 모든 것들이 개인의 선택으로만 강요된다는데 큰 문제가 있다. '교회 목회자의 설교 시 강조점'에서도 '개인구원 강조'(51.3%)로 나타난 것만 봐도, 개인구원의 강조는 선택을 강요하고, 그 책임을 개인에게 돌릴 공산이 크다. 중세시대로 돌아가 보자, 베드로의 수위권을 받은 교황이 있었지만, 결국 내세의 갈림길은 오로지 개인의 역량에 달려 있었다. 바로 면벌부를 사고 그에 맡는 고행을 실시하거나, 성축일 때마다 성물을 만진다든지 교회에 헌금을 많이 해서 연옥의 기간을 단축시키는 방법이다. 여기에는 성직자들의 목회적 돌봄이나 노력 따위는 없다. 돈의 액수에 따라 연옥에 있을지 천국으로 올라갈지가 정해지는 것이다. 연옥을 줄이는 데는 한계가 있다. 일반 민중들에게 돈은 희소한 가치이지 자기가 원한다고 해서 얻어지는 것이 아니기 때문이다. 개인의 노력으로 모든 것을 평가하는 중세의 작동 방식과 흡사한 것이 헬조선이다. 사회의 불평등 구조나 경쟁의 불리함은 차치하고 모든 것을 개인의 문제로 가볍게 돌리는 나라가 헬조선이다. 애초부터 공정한 경쟁이 아니라는 것은 지역에 따른 상위권 대학 진학률과 학자금대출에 따른 부채 경향을 보면 뚜렷하게 알 수 있다. 심지어 수저계급론을 통해서, 아무리 '노오력' 한들, 두꺼운 유리 천장에 갇혀서, 일정 부분 그 이상 나아갈 수 없다는 것을 청년들은 뼈저리게 몸소 체험하고 있다. 『노오력의 배신』이라는 책에서 이충한은 이렇게 말한다.

청년들의 입장에서 이 사회는 '역주행'을 하고 있는 것이나 마찬가지다. 부모 세대까지는 모두가 위를 향해 열심히 계단을 오르고 있었다. 그런데 지금의 청년들에게는 이 계단이 거꾸로 흐르고 있다. 마치 역방향 에스컬레이터를 탄 것처럼 말이다. 이 역방향은 에스컬레이터 위에서 날마다 숨 막히게 뛰어보아도, 이들에게는 '잘해야 제자리'인 현실만이 돌아올 뿐이다. 그 자리라도 지키기 위해 묵묵히 계단을 오르다 옆을 돌아보면 부모의 경제 자본을 통해 학력 자본과 문화자본을 취득한 이들만이 고속 에스컬레이터를 타고 편하게 위를 향해 올라가고 있다(『노오력의 배신』, "사회로부터 멀어지는 청년들", 이충한).

중세교회와 닮아 있는 한국교회도, 교회 청년들을 헬조선과 같은 잣대로 평가한다. 지금의 현실을 극복하지 못하는 이유를 대부분 나태와 게으름에서 찾는다. 앞서 살펴보았듯이 청년들은 대개의 경우, '내재적 평안' 즉, 개인의 평안과 위로를 찾기 위해서 교회를 찾는다. 그런데 헬조선을 지탱하는 이데올로기의 관점으로, 70-80년대 고속 성장의 개인적 영광스러운 경험을 가지고 있는 기존의 교회 어른들이 교회 청년들을 재단한다면, 이들은 더 이상 위로받지 못하는 세대가 될 것이다. 그들은 속속들이 교회에서 이탈해 가나안교인의 모습이나 무교로 변모하고 있으며, 그럴 준비가 되어 있다. 문답에서도 기독교인 중 72.8%가 교회를 옮긴 경험이 있다고 답했다. 개인의 신상 문제로 옮긴 경우가 대부분이지만, 그중 기타까지 포함하면, 35.1%가 갈등으로 인해서 교회를 옮겼다. 교회 청년들은 위로나 기쁜 소식을 들을 수 없었고 교회 내의 갈등에 의해서 튕겨져 나온다. 그리고 이들은 다시 교회를 찾고 옮기게 된다. 새로운 교회를 찾는 것에 지쳐서 가나안교인 될 가능성이 크다. 교회에 남는다고 한들, 청년들이 교회 내 결정 구조나 중앙회의 구조에 참석할 수 없다. 소위 교회의 잡꾼일 뿐이다. '현재 교회에서 하고 있는 활동'을 볼 때, '교회학교 교사, 청년회 활동, 찬양팀, 청년 임원, 성가대' 순이다. 청년 임원(제약이 따르지만, 청년회 내에서 능동적으로 무언가를 할 수 있다)을 제외하고, 대부분은 구성원의 일원으로 참석하고, 수동적인 입장에서 교회 행사에 참석할 뿐이다. 교회의 의사결정 구조에 깊숙이 참여할 통로도 없으며 그러한 기회조차 주어지지 않는다. 각 교단 총회나 연회 그리고 노회의 청년총대를 살펴보면 알 수 있다. 감히 말하건대 한 명 내지는 아예 없거나, 있어서도 언권위원(투표권 없는)이다. 이것이 한국교회의 현실이니 미래의 전망은 자연히 어두컴컴하다. 그러면서 청년들의 자질과 지도력을 운운할 따름이다. 처음부터 잘하는 사람은 없다. 문재인 대통령을 보시라.

한국교회는 중세교회와 삼쌍둥이처럼 약간은 다르게 보이지만 몸통은 같다. 맘몬에 사로잡혀 있고 세속적이기까지 하다. 중세를 암흑시대로 명명했듯이 2017년 종교개혁 500주년을 보내고 있는 한국교회도 암흑시대라고 명명해도 무방하다. 사회 불평등에 몸살을 앓고 극으로 치달아 각자도생(各自圖生)하는 무한경쟁 시대인 헬조선과 여기에 하나 더 얹어서 질문이 사라지고 능동적 결정권이 없으며, 더욱이 개인의 위로조차 사라진 암흑 한국교회 시대에 기독 청년들이 서 있다. 이런 상황에서 청년들은 분노하는 것과 무시·방관으로 일관하는 냉소적인 선택의 갈림길에 있다. 냉소는 '희망 없음'의 동의어다. 기독 청년들은 암흑 한국교회 시대를 냉소로 바라보고 있다.

'가나안교인'이 그들을 대변하는 대표적인 단어로, 예수를 믿고 따를 용의가 있지만 이 사회 속에서 교회의 존재적 의미를 발견하지 못하고 있다는 것이다. 즉, 가나안교인은 교회에 대한 냉소이다. 불난 집에 부채질하듯 이어지는 목회자들의 추문이 냉소의 벽을 더욱 두껍게 만들고 있다. 이는 '현재 출석하고 있는 교회의 문제점'에서 여러 문제점들이 고르게 분포되어 있음을 보고 충분히 짐작할 수 있다. 그중 '예배·설교 분위기, 발전적이지 않는 목회자와 비민주적인 의사구조'를 주목한다면, 청년들이 교회에 갖는 냉소는 충분히 납득할 수 있다. 조금만 교회를 비틀어 보면 무엇 하나 교회에서 선한 것을 발견할 수 없기 때문이 아닐까? 오늘날 기독 청년들은 헬조선에서 지극히 현실적으로 살며 암흑시대에서 고군분투하며 사는 이들이다. 이 글을 읽는 어른들은 청년들의 취직 여부, 대학 입학 여부, 결혼 여부 등의 관심(인사로 이를 물어보는 어른들이 많은데, 쉿! 조용히 하시라)을 꾸겨서 자신의 마음 속 휴지통에 던져 놓으시고, 현재 청년들을 무조건적으로 응원해 주시길 부탁드린다.

청(소)년이 (아니)다

질문이 있다. 청년을 교회 내에서 어떻게 분류하는가? 대부분은 교육부 소속으로 대답할 것이다. 크나큰 착오이다. 청년은 나이 먹은 청소년이 아니다. 이것은 확실히 해두자. 청년은 평신도에 속한다. 어엿한 성인이고, 법정 나이를 훌쩍 넘어선 이들이 수두룩하다. 그러면 청년의 나이 기준을 어떻게 볼 것인가? 보통 만 19세부터 만 34세로 보고, 서울시 기준으로는 만 39세로 통칭한다. 하지만 교회에서는 재미있는 기준을 선보인다. 바로 결혼유무에 따라 청년의 자격 기준을 판단(전근대적 기준이다. 상투 틀고 안 틀고가 그렇게 중요한가)한다는 것이다. 자, 고등학생이 결혼을 했다고 치자. 그런 경우가 종종 있으니, 그럼 이들은 고등부인가? 청년부인가? 장년부인가? 애매하지 않은가? 고등학생 부부는 예측하건대, 교회에 적응하지 못할 것이다. 여러 구별 짓는 문화의 잣대가 이들을 판단할 것이고 그 시선을 견디지 못할 것이기 때문이다.

다시 돌아와서 청년부를 교육부로 분류하는 것은 현재 교계 지도자들이 청년을 바라보는 시선이며, 그들이 교회정책을 펼치고 프로그램으로 선보일 때에 고스란히 드러난다. 사실 각 교단의 청년정책은 전무하다. 기껏 호기롭게 시작하는 작업이 청년들을 위한 교재개발이다. 이마저도 꾸준하지 못하다. 단발성으로 끝나는 것이 대부분이며, 예산이나 판매량을 이유로 중단하기 일쑤이다. 청년들은 질문이 많은 세대이다. 이 질문을 풀어낼 공간은 또래 집단인데, 이들에게도 마땅한 신앙지침이 존재하지 않는다. '교회 소그룹 혹은 성도와 나누는 대화의 주제'에서 볼 수 있듯이, '삶·고민'(57.7%)을 주로 나누고 신앙에 대한 답을 얻고자 하지만, 딱히 청년 소그룹 내에서는 현명한 묘수가 보이지 않는다. 교회 내 청년 대상에 대한 무지는 고등부 다음 단계 이상, 곧 나이를 조금 더 먹은 고등학교 4-5학년으로 취급함은 물론, 고등부와 별반 다르지 않는 콘텐츠로 이들에게 접근하게 된다. 바뀐 것이라고는 고등부 선생님에서 청년부 리더로 바뀌는 것 말고는 없다. 청년부에 해당하는 전 연령층이 이와 같은 상황에 속해있다. 그래서 청년부 내에서 나이 듦은 불안 요소이고 낯부끄러운 지점이며, 청년으로서의 자존감은 낮아진다. 교회 안에서 청년은 아직 관리 감독을 받아야 하는 불안한 존재이기에 청년부에 남는 것은 따가운 눈총을 견뎌야 하는 고행의 연속이다.

N포 세대를 살고 있는 청년들에게 결혼은 포기의 대상이거나, 저만치 멀리 있는 미래의 어느 시간에 나에게 있을 법한 이벤트일 뿐이다. 청년부에서 벗어나는 유일한 길은 결혼인데, 헬조선에 살고 있는 청년들에게 가당키나 한 일인가? 현재, 청년부의 고령화 현상이 벌어진지 오래다. 미봉책으로 제1청년부와 제2청년부를 나이별로 나누지만, 특별한 프로그램이 있어서가 아니다. 이미 청년부와 장년부의 세대문화는 융화할 수 없을 만큼 벌어져 있다. 하지만 30대 이상이 되면 자연스레 청년부에 대한 자신의 소속감을 질문하게 된다. 그렇다고 장년부의 정체성을 지니지도 않는다. 졸지

에 여러 세대 경계인 혹은 낀세대로 교회 내에서 자리매김하게 되고, 교회 내 자신의 위치가 애매하게 된다. 그러나 이들은 청년이다. 한국교회에서 어느 누구도 기독 청년의 정체성, 소속감 그리고 역할에 대해서 말해주는 이가 없다. 왜 청년이어야만 하는지, 교회 내에서 청년이 왜 중요한지, 어떠한 질문을 가지며, 어떠한 신앙생활을 해 나가야만 하는지를 누구도 가르쳐주지 않는다. 그렇다고, 청년들은 청소년이 아니지 않는가? '교회를 떠나게 된 이유'에 대한 질문에 '개인의 사정으로 떠나가 되었다'(49.4%)가 50%에 가까운 답을 했는데, 어정쩡한 정체성과 교회 내에서의 갈피를 못 잡는 정체성이 한몫을 하지 않았을까 하는 조심스러운 예측을 해본다.

청년이라는 정체성을 잃어버리는 순간, 자존감의 상실로 이어진다. 헬조선에서 하루하루를 버텨나가는 청년들에게 교회의 문턱을 넘는 순간, 자신의 애매모한 위치를 발견하는 지점에서 자존감이 낮아질 수밖에 없다. 또한 교회가 위로의 공간이 아니라 사회와 똑같이 일꾼으로 취급하는 순간, 교회에 대한 냉소와 더불어 청년이라는 정체성을 회복하기란 여간 쉽지 않다. '한국 사회에서 교회가 해야 할 역할'을 묻는 질문에 '심적인 안정'(31.9%)이 제일 높게 나오는 것만 보더라도, 여러 혐오와 내부갈등이 심각함은 물론 무엇 하나 나아질 기미조차 보이지 않는 한국 사회를 몸소 경험한 청년들에게 정체성의 확립과 자존감의 회복은 인생 일대의 큰 과제임을 알 수 있다. 김태형은 『청춘심리상담』이라는 책에서 자존감의 손상을 경고하면서 한국 사회를 다음과 같이 분석한다.

자존감의 손상은 자기를 긍정하고 사랑하지 못하게 만드는 데 그치지 않고 자기불신과 의존심, 자기비하와 자기혐오, 굴종심, 자기학대 심리 등을 일으킨다. 이러한 자기부정 심리들이 불러온 극심한 슬픔과 분노가 내면세계로 향하면 심각한 우울 증상으로 나타나고, 외부세계를 향하면 무차별적인 공격성으로 표출될 위험이 있다. 자존감이 약한 사람은 무력할 수밖에 없으므로 강자 앞에서는 비굴하고 약자 앞에서는 잔인한 '권위주의적 성격자'가 될 소지가 다분하다. 한국인들 대부분이 자존감을 상실한 결과, 한국 사회는 권위를 숭배하고 약자를 학대하는 권위주의적 성격자들이 득실대는 잔인무도한 정글이 된 지 오래이다(김태형, 『청춘심리상담』).

이를 버티고 버텨온 청년들이 교회의 품으로 왔을 때 교회조차도 사회와 별반 다르지 않다는 인식을 하는 순간, 기독 청년이라는 자존감은 땅에 떨어진다. 그리스도인으로서의 자존감 상실이며, 정체성 즉 자기기반이 송두리째 흔들리는 것이다. 특별히 교회 공동체라는 기독 청년의 마지막 심리적 보루가 무너지면, 심리적 질병을 앓거나 극단적인 선택을 하는 경우가 생긴다. 헬조선에 살고, 암흑시대 속한 기독 청년들은 현재 주의요망 대상이다. 이들은 청소년이 아니고, 교육대상이 아니다. 지도자이며 교육을 주도할 수 있는 주체이고 무엇보다도 청년 그 자체이다.

마치며: 솔라 에페부스(오직 청년으로만)

루터가 종교개혁가들과 개혁의 물결을 이끌 당시에 주된 신학적 구호가 있었다. '오직 믿음으로(Sola Fide), 오직 은혜로(Sola Gratia), 오직 성서로(Sola Scriptura), 오직 그리스도로(Solus Christus)'이다. 개신교 형성에 큰 역할을 했고, 이는 교리로 자리매김한다. 이 네 가지 명제들이 변주되고 종교개혁가들 각자의 신학적 견해가 들어가면서 다양해지고 풍성해지기 시작했다. 또한 그동안 상상하지 못했던 '직업소명론'뿐만 아니라 '만인사제직'까지, 복음은 평등하고도 하나님께 향하는 길은 누구에게나 열려 있음을 그들과 그들의 교회제도가 실천해나갔다. 이는 누구나 그리스도의 제자 됨을 실천할 수 있고, 기독교인이라면 누구나 당연히 십자가의 길을 각자의 깜냥대로 갈 수 있다는 이야기이다. 그야말로 기존의 세력에 향한 돌발이었고 파격이었다. 이들은 Protestant였다. 500년이 지난 오늘날 거기에 한 가지 더해져야 할 것이 있다. '솔라 에페부스(Sola Ephebus), 오직 청년으로만!'

개신교인의 증가세는 90년대 말 이후로 둔화되었고, 감소세로 돌아선지 10년은 넘은 듯하다. 한국교회의 영광 신화를 함께 써내려갔던 산업역군들은 교회에 그대로 남아 있지만, 이제 이들은 60-70대이다. 냉정하게 말하자면 이들은 이제 더 이상 한국교회의 동력이 아니다. 만약 동력을 찾으려면 청년부와 장년부에서 찾아야 하는데, 40-50대 초반을 근간으로 하는 장년부도 개신교인의 감소세와 함께 그 구성력이 약해진지 오래되었고, 교회학교 교육과 미래 세대의 정책 부재로 교회 청년들의 이탈 현상은 자못 심각하다. 다시금 언급하지만, 교단총회에서는 청년에 대한 안건이 전무하고, 교단을 총괄하는 본부에서조차도 청년을 차세대로 분류하거나 담당자가 없거나 중·고·청을 담당하는 직원이 한 명 정도 겨우 있을 뿐이다. 한국교회의 지속성을 20년 전부터 걱정하고 이제는 감소가 눈에 띄게 보임에도 불구하고 아무런 대책이 없다. 5년 뒤 혹은 10년 뒤 한국교회는 우리의 상상 이상의 큰 충격파로 다가올 것이다. 지금도 늦었다. 빨리 이에 대한 적절하고 구체적인 대책이나 교단 차원에서 장기적인 정책을 세우지 않는 이상, 미국과 유럽의 전철을 누구보다 빠르게 밟아 나갈 것이다. 부자가 망하면 3대를 간다고 하지만, 교회는 돈으로 그 생명력과 폼을 유지하지 않는다. 교회는 사람이 재산이다. 한 사람을 어떻게 진정한 그리스도인으로 키워나갈지를 고민하며 그들이 지도자가 되게 하고 종국에는 한국교회의 버팀목이 되도록 해야 한다. 건물에는 기둥이, 수문에는 버팀목이, 교회에는 사람이 없으면 아무런 가치가 없고 무너지고 망가지고 버려진다.

미래 전략의 부재는 '전도'에서도 볼 수 있다. 다들 양적 '전도'에만 열을 올리고 있다. 맹목적인 전도만 남았다. 여러 교단들의 총회 보고서는 각 교회에 허수가 더 있음에도 불구하고, 실질적으로 전년 대비 감소하고 있음을 발표했다. 기존의 교인들도 이탈하고 있음을 볼 수 있다. 대부분 수평이동이며 정말 초신자는 찾아보기 힘들다. 초신자가 유입되어 그들이 그리스도인으로서 세례를 받고 신앙생활을 영유해 가는 것은 기이한 일이 되어버렸다. 전도는 교인 수를 불리는 것만이 전도가 아니다. 그런데 한국교회는 알맹이 없는 콘텐츠에만 집중하고 있다. 그렇다면 청년들은 어떠한가? 군대 내에서의 전도는 언급할 가치도 없고, 한때 대안이었던 캠퍼스 선교는 노방전도와 일방적인 전도 방식으로 대학교의 꼴불견으로 정평이 났고, 그리하여 각 대학 총학생회에서 이를 금지시켰다. 또한 여러 혐오와 배제라는 구별 짓기 문화를 고스란히 대학교에도 가져가 적용시켜서 상아탑에 어울리지 않는 불통과 배타를 선보이고 있다. 대학교가 아니더라도 사회생활에 뛰어든 청년들도 마찬가지 상황에 놓여있다. 개신교인들은 비호감이다. 개신교를 비호감과 적대의 눈으로 바라보기에 청년 초신자를 찾아보기는 더욱 힘들다. 먼저 그 비호감을 벗겨내는 게 급선무인데, 지금으로서는 이 작업이 절망에 가깝다.

초신자는 천연기념물이다. 보통 천연기념물에는 특별히 멸종위기인 종이 많다. 동물류를 예를 들자면, 멸종위기 동물에게 어떻게 하는가? 전신전력을 다해 보호하고, 먹이며, 야생에 가서도 잘 적응할 수 있도록 훈련을 시키고, 사육사가 때로는 친구가 되어주기도 하고, 부모가 되어주기도 한다. 그러고 나서 그들을 방생한다. 적응하지 못하면 다시금 훈련시켜서 내보낸다.

그렇다고 한다면 교회는 청년들에게 이러한 열의를 보이는가? 개교회에서 얼마만큼 지원을 하며 훈련시키는가? '청년이 미래'라는 말은 말로만 시작했다가 그냥 허공에서 사라지는, 교회 청년에게는 아무 의미 없는 접대 멘트로 전락했다.

오직 청년으로로만! 오직 청년들을 위한 장기적인 정책이 필요하다. 이와 더불어 반드시 한국교회의 환골탈태가 필요하다. 이 둘이 같이 병행되어 한다. 그래야지만 10년 이후를 바라볼 수 있다. 이것은 과거의 영광으로 돌아갈 수 있는 준비를 할 수 있다는 의미이다. 그만큼 현재의 한국교회는 사회신뢰도와 호감에서 절망적인 수준이다. '한국 사회에서 교회가 해야 할 역할'에서 심적인 안정 다음으로 '사회적 참여 활동, 단순한 종교적 기능(예배), 봉사(구제)' 순으로 나왔다. 현재 청년들이 교회에 바라는 것은 '전도'가 아니다. 사회에서 빛과 소금의 역할을 감당하는 것과 교회 건물의 주 사용목적인 예배의 중요성을 피력한다. 목회자는 예배를 잘 준비하는 데에도 소명이 있다. 예배의 온전한 회복은 기독교의 회복이기도 하다. 일주일 한 번 드리는 예배를, 현재의 기독 청년들은 온전하게 그리고 잘 드리고 싶어 한다. '다시 교회를 다닌다면 어떤 교회'를 선호하느냐는 질문에 응답률이 두 번째로 높았던 것이 '예배가 분위기가 좋은 교회'(24.1%)임을 볼 때 예측 가능하다. 예배가 기독교인에게 중요함을 강조하는 것이다. 그렇지만 현재 기독 청년들은 교회 봉사에 과부화가 걸린 상태이거나, 온전히 예배만 드리는 것은 신앙생활을 잘 못하고 있는 것이라고 주변 신앙선배들에게 핀잔을 듣고 있다. 예배의 회복 이후, 그리스도인으로서의 자존감의 회복 이후, 그때부터 무언가를 할 수 있다. 교회 봉사가 먼저가 아니라는 사실이다. 장기적인 정책은, 앞서 교육교재 개발을 예로 들었지만, 무엇하나 지속적으로 이어지는 것이 없다. 이것은 단순한 예다. 오직 청년만을 위한 프로그램과 정책 제안이 뒷받침 되지 않고서는 공든 탑은 없다. 오로지 이탈만 있을 뿐이다. '오직 청년으로만'은 한국교회의 미래이며, 다시 시작할 수 있는 기회이다.

마지막으로 '청년들의 생활에 영향을 주는 사항'에서 1위가 돈(30%)이고, 2위가 친구(20.8%)이다. 종교는 4.4%이다. 여기서 지금껏 한국교회가 강조하는 방향이 무엇인지를 알 수 있다. 한국교회가 집중하는 것은 세속적인 성공으로 하나님에게 영광을 돌리는 것이었다. 세속적 성공은 부와 밀접하게 연관된다. 십일조를 얼마 내는지, 감사헌금과 건축헌금을 얼마 내는지에 따라, 칭찬 여부와 교회 구성원으로서의 입김이 얼마나 될지를 결정한다. 남 탓할 필요가 없다. 이는 한국교회가 꾸준히, 복음처럼 설교하고 가르쳐왔던 결과를 보여주는 것이다. 헬조선에 살고 N포세대로 살고 있는 청년들에게 가장 큰 고민은 취업이다. 신앙생활(0.4%)은 전혀 고민 중에 들지도 못한다. 그런데 교회는 청년들에게 심리적 안정조차도 주지 못한다. 청년이 교회를 떠나는 거나 교회를 등한시하는 것은 당연한 결과일 수 있다. 기성세대들이 만들어 놓은 제도와 영역에 편입되기 위해서 교회를 등한시하는 구조가 된 것이다. 치솟는 대학등록금과 주거비 그리고 감당할 수 없는 부채는 개인의 구원을 강조하고 영광의 신학을 강조하는 한국교회에서 청년들에게 위로나 그들의 인생살이의 방향성을 제시하지 못한다. 잔소리로 들는 자기개발서의 향연을 교회에 와서도 듣고 있으니, 귀에 딱지가 앉을 정도일 것이다. 교회의 불평등한 문제는 청년들이 교회를 떠나기 위한 좋은 핑계거리와 더 나아가 결심거리가 된다. '솔라 에페부스! 오직 청년으로만!'은 교회의 환골탈태를 요구하는 예언자적 외침이기도 하다.

2부

〈청년의 교회/종교에 대한 의식 설문조사〉와 분석

청년의 교회/종교에 대한 의식 조사 분석
— 종교사회학적 관점

정재영
(실천신학대학원대학교 종교사회학 교수)

1. 들어가는 말

이번 한국기독청년협의회와 NCCK 청년위원회에서 조사한 청년의 교회/종교에 대한 의식 조사는 기존에 청년들의 종교 의식 조사가 많지 않은 현실에서 좋은 자료가 된다고 생각한다. 특히 종교개혁 5백주년을 맞아 종교개혁 정신이 다양한 영역에서 작동하기를 기대하는 취지로 조사되었다는 점에서 의미가 크다고 생각된다. 이것은 또한 작년 말에 발표된 인구센서스 종교 부문에서 무종교인의 인구가 크게 늘어난 결과를 감안했을 때 시사성이 큰 조사이다.

인구센서스에서 종교 없는 인구는 2005년 2182만 6000명에서 지난해 2749만 9000명으로 9%포인트 급증했다. 특히 나이별로는 20대가 64.9%로 가장 높았고, 이어 10대(62%), 30대(61.6%), 40대(56.8%) 순이었다. 또한 종교 인구 감소폭은 40대(13.3%p), 20대(12.8%p), 10대(12.5%p)에서 상대적으로 컸다. 이러한 상황에서 청년들의 종교나 교회에 대한 의식을 파악하는 것은 매우 시사성이 높다고 생각된다.

다만 표집에서는 유의 표본 추출 방법을 써서 객관성 면에서 문제가 있어 보이나 이것은 현실적인 한계이므로 논외로 하고 이 자료에 나타난 결과에 대해서만 분석하도록 하겠다. 또한 표본에는 40세 이상의 연령층이 7.9%가 포함되어 있어서 일부 청년이 아닌 연령의 견해가 포함되었다는 점을 감안해서 통계를 해석하여야 할 것이다. 이 글에서는 조사 결과를 전체적으로 살펴보고, 청년들의 현실과 관련하여 필자의 생각을 덧붙이고자 한다.

2. 조사 결과 분석

먼저 현재의 종교생활과 관련하여, 앞에서 말한 바와 같이 우리나라 종교인구가 50% 이하인 것을 감안하면 65.8%가 종교생활을 한다고 응답한 것은 기독교인이 많이 표집되어서 나타난 결과로 봐야할 것이다. 현재 종교에 대해서도 종교인의 86.7%가 개신교라고 응답하였기 때문이다. 작년 인구센서스 결과에서 전체 개신교 인구는 19.7%인 것을 감안하면 개신교인이 매우 높게 표집된 것이다.

현재 종교를 선택한 이유로 54.5%가 구원을 위해서라고 응답한 것은 종교인들 중 많은 사람들이 구원의 문제를 중요하게 생각한 것을 보여준다. '한국기독교목회자협의회'에서 2012년에 조사한 결과를 보면, 개신교인의 38.8%는 신앙생활의 이유를 '마음의 평안' 이라고 응답했고, '구원과 영생을 위해서'는 31.6%로 이보다 낮았다. '마음의 평안'이라는 응답은 천주교인(61.6%), 불교인(42.5%)에서는 더 높았다.[1] 그러나 20대의 응답에서 '부모님의 강요'가 상대적으로 많이 나온 것은 고려해야 할 점이다. 필자가 연구한 가나안 성도(기독교인으로서의 정체성을 가지고 있으나 교회에 출석하지 않는 사람)들에게서 신앙의 강요 때문에 신앙생활을 힘들어하는 경우가 적지 않았기 때문이다.[2]

종교생활을 하지 않는 이유로는 가장 많이 나온 '믿음이 없기 때문에'(29.0%), 다음으로 '얽매이는 게 싫어서'(22.9%)가 나온 것은 종교를 통한 구속이나 억압을 불편해하는 경향을 드러낸다. 뒤에서 살펴볼 가나안 성도들에게서도 같은 경향이 발견된다. 종교의 가장 중요한 역할로 '내적인 평안'이 44.7%로 가장 많이 나온 것은 영성이나 명상을 중시하는 요즘의 추세를 반영하는 것이기도 하지만, 자칫 사회에 대한 관심보다 개인주의적인 종교성으로 빠질 우려가 있어서 염려되기도 한다. 성별로 남성이 여성에 비해 사회적 연대라는 응답이 많이 나온 것은 남성들이 상대적으로 사회생활을 많이

---

1 한국기독교목회자협의회, 『한국기독교 분석리포트: 2013 한국인의 종교생활과 의식 조사 보고서』(서울: 도서출판 URD, 2013), 44.
2 이에 대하여는, 정재영, 『교회 안 나가는 그리스도인』(서울: IVP, 2015) 3장을 볼 것.

하기 때문에 나온 결과로 해석된다.

종교가 우리 사회에 미치는 영향에 대해서는 '아주 많이'(23.8%)를 포함해서 많다는 응답이 66.0%를 차지했고, 영향이 있는 부분을 묻는 질문에 '문화'(24.3%)라는 응답이 많이 나온 것은 종교가 기본적으로 사고방식이나 관습에 미치는 영향을 크게 본 것으로 해석된다. 또한 '봉사'(18.2%)나 '사회통합'(16.5%)에 미치는 영향을 크게 본 것도 기본적인 종교의 역할과 관련하여 이 부분을 중요하게 인식한 것으로 생각된다. 그리고 '경제'(1.4%)가 가장 낮게 나왔는데, 현실적으로 종교가 경제에 영향을 미칠 여지가 별로 없다고 본 것이다. 사회학자인 막스 베버는 개신교인들의 종교 윤리가 자본주의 발전에 심대한 영향을 미쳤다고 하는 매우 중요한 논제를 발전시켰지만, 오늘날의 한국 청년들은 종교가 경제 발전이나 경제 윤리에 영향을 미치는 부분에 대해서 매우 부정적인 평가를 한 것이다. 또한 '교육'(7.3%)이 경제 다음으로 가장 낮게 나온 것은 초창기 기독교나 다른 종교들이 교육에도 많은 영향을 미치고 일정 정도 기여를 했으나 현대 사회에서 종교의 교육에 대한 영향은 크지 않다고 본 것으로 나타났다.

개인적으로 선호하는 종교에 대해서 '개신교'(58.5%)라는 응답은 개신교인 비율과 거의 비슷하나 '가톨릭'(15.3%)과 '불교'(13.8%)라는 응답은 가톨릭인이나 불교인 비율보다 훨씬 높게 나와서 비교가 된다. 개신교 외의 응답자들은 개신교보다는 상대적으로 가톨릭이나 불교를 선호하는 것으로 볼 수 있다. 선호하는 이유로 '말씀(성경, 불경 등)이 좋아서'(30.5%)와 '교리에 동의하므로'(24.9%)가 많이 나온 것은 일반의 예상과 달리 젊은이들이 이성적인 판단을 중시하는 것으로 보인다. 대개 젊은이들이 감성적인 것을 중시하고 분위기에 좌우된다는 선입견을 갖고 있지만, 실제로는 지성적인 부분을 중시한다는 경향을 엿볼 수 있는 대목이다.

현재 교회 출석 여부에 대해서 전체의 12.0%가 '기독교인이지만 출석하지 않는다'라고 응답하였는데 이것은 기독교인 중에 17.8%에 해당하므로 매우 높은 비율이고 최근의 다른 조사 결과와도 부합하는 결과이다. 교회 출석하는 사람들과 관련된 내용들을 먼저 살펴보면, 86.0%가 10년 이상 출석하고 있고, 교회를 옮긴 경험은 없다고 응답한 사람이 27.2%로 가장 많은 것은, 비교적 한 교회를 오래 출석하는 충성도 높은 청년들이 많은 것으로 해석된다. 1회 이하(24.1%)를 포함하면 절반 이상이 교회를 한 번도 옮기지 않았거나 한 번 옮긴 사람들이었다. 교회를 옮긴 이유도 가장 많은 59.4%가 이사 또는 직장, 입학 문제와 같이 불가피한 경우가 대부분이었다.

현재 교회에서 하고 있는 활동은 주일 예배만 참석하는 16.8%를 제외하고 대부분의 청년들이 교회학교 교사, 청년회 활동, 찬양팀 등에서 다양한 활동을 하고 있었다. 이것은 청년들이 활발히 활동하고 있다는 점에서 긍정적으로 볼 수 있으나 한편으로는 교회들마다 청년들이 많은 봉사 활동으로 지쳐가고 힘들어한다는 점에서 대안 마련이 필요하다고 생각된다. 기독교 전문 리서치 기관인 바나

그룹의 대표로 미국의 청년들이 왜 교회를 떠나고 있는지에 대해 조사 연구한 데이비드 키네먼이 기성세대가 이제는 대량생산 하듯이 청년 신앙인들을 양산하려고 하기를 그만 두고, 이들에 대해 일대일의 관계를 갖고 세심한 관심을 기울여야 한다고 말한 것에 귀를 기울여야 할 것이다. 청년들을 소모품처럼 사용하지 말고 이들의 멘토가 되어야 한다는 것이다.[3]

청년들이 교회 소그룹이나 성도와 나누는 대화의 주제 중 57.7%가 '삶과 고민'이라는 것은 일면 당연한 결과이나 교회, 신앙, 성경, 사회, 정치에 대한 내용이 차지하는 비중이 낮아 기독교인으로서의 관심 영역이 개인의 삶에 제한될 수 있다는 우려가 있다. 당장의 삶의 문제에 급급하여 더 넓은 차원의 문제들에 대해서 관심을 갖지 못할 수 있기 때문이다. 마찬가지로 예배나 모임에서 사회, 정치적인 대화가 '조금'(32.4%)이나, '없다'(12.3%)가 '아주 많이'(4.8%)나 '많이'(12.2%)보다 훨씬 많이 나온 것도 한국교회 현실에서 충분히 예상할 수 있는 결과이지만, 바람직하게만 볼 수 없는 부분이다. 교회 목회자의 설교 시 강조점도 '사회 참여'(34.4%)보다는 '개인 구원'(51.3%)에 있다는 점에서 신앙의 개인주의화가 우려되는 대목이다.

출석하고 있는 교회의 문제점으로는 특정 문제가 두드러지기보

---

3 이에 대하여는 David Kinnaman, *You Lost Me: Why Young Christians Are Leaving Church... and Rethinking Faith*(Grand Rapids, Mich.: Baker Books, 2011)을 볼 것. 이 책은 『청년들은 왜 교회를 떠나는가』(서울: 국제제자훈련원, 2015)라는 제목으로 번역 출판되었다.

다는 비민주적 의사구조, 예배 설교 분위기, 발전적이지 않은 목회자가 비슷하게 많이 나왔고, 다음으로 재정 문제, 차별/혐오적인 발언이 높게 나왔다. 이상적인 교회의 모습으로 절반 가까이(47.9%) 작지만 건강한 교회라고 나온 것은 시사하는 바가 매우 크다고 생각된다. 청년들은 많은 대형교회들이 성경에서 말하는 공동체적인 모습과는 다르게 느끼고 대형교회 안에서 교인들이 인격적으로 대해지지 않고 하나의 부속품처럼 여겨지는 현실에 대해 어려움을 호소하고 있다.

다음으로 주목되는 부분은 이른바 가나안 성도 곧 기독교인이지만 교회 출석하지 않는 사람과 관련된 내용들이다. 먼저, 현재 교회에 다니지 않는 이유로는 '얽매이기 싫어서'(29.9%)가 가장 많이 나와서 교회에서의 속박이나 억압적인 분위기에 대한 반감이 큰 것으로 나타났다. 다음으로 '시간이 없어서'(27.4%)가 비슷한 비율로 나온 것은 전체 연령에 대해서 조사한 필자의 기존 연구와는 다른 것인데 필자의 조사에서 '시간이 없어서'라는 응답은 6.8%에 불과하였고, 그 밖에 '자유로운 신앙생활을 원해서'가 30.3%로 가장 많아서 이번 조사에서 '얽매이기 싫어서'가 29.9% 나온 것과 비슷한 결과이다. 다음으로 '목회자에 대한 불만'이 24.3%, '교인들에 대한 불만'이 19.1%, '신앙에 대한 회의'가 13.7%로 나오는 등 뚜렷한 문제의식을 가지고 교회를 떠난 경우가 대부분이었다.[4] 이번 조사에서 '시간이 없어서'가 상대적으로 많이 나온 것은 청년들이 취업

---

4 이에 대하여는 정재영, 윗글, 47.

준비나 사회 초년생으로서 시간에 쫓기는 상황임을 반영한 것으로 해석된다. 실제로 학생들 중에서 '시간이 없어서'라는 응답이 많이 나왔다. 한편, 연령이 높은 층에서 '목회자에 대한 불신'이나 '얽매이기 싫어서'가 높게 나온 것은 나이가 들수록 신앙 외적인 요인보다 신앙 요인으로 인해 교회에 출석하지 않게 되는 경향이 강하다는 것을 보여준다.

교회에 출석하지 않고 신앙생활을 하는 방법으로는 '혼자서 성경과 신앙서적을 활용하여 신앙생활을 하고 있다'(38.1%)라는 응답이 가장 많이 나왔다. '자유로운 신앙 모임에 참여하고 있다'"(17.3%)라는 응답이 많지 않았고, '매주 다른 교회에서 예배를 드린다'(4.3%)거나 '직장 신우회나 선교단체 활동을 하고 있다'(2.9%)는 응답은 낮게 나와서 신앙의 기본 요소인 공동체라는 측면에서는 매우 우려스러운 상황이라고 판단된다. 특히 신앙의 전수라는 측면에서 보면, 본인은 어떤 방식으로든 신앙을 유지한다고 해도 이러한 방식의 신앙이 후세대로 전수될 수 있을지에 대해서는 회의적이기 때문이다.[5]

교회를 떠나게 되었을 때 다니던 교회의 모습에 대해서는 절반(49.4%)이 '개인의 사정으로 떠났다'고 응답하였고, 나머지 절반가

---

5 영국에서 "소속 없는 신앙"(believing without belonging)을 연구한 그레이스 데이비는 제도로서의 종교가 쇠퇴한 뒤에도 한 세대 정도는 기독교가 살아남을지 모르지만 30~40년 뒤의 상황은 알 수 없다고 우려하였다. 이에 대하여는 Grace Davie, *Religion in Britain since 1945: Believing without belonging*(Oxford: Oxford University Press, 1994)을 볼 것.

량이 다른 교인들의 문제, 담임 목회자의 문제 등을 지적하였다. 교회를 떠난 사람들의 절반이 개인 사정으로 떠났다는 것은 교회 문제로 떠난 것에 비해 다행스러운 결과라고 볼 수도 있지만, 요즘 청년들의 상황이 매우 불안정하다는 점을 감안한다면 앞으로도 청년들이 교회를 떠나게 되는 상황들이 줄어들 것으로 기대하기는 어렵다. 또한 필자가 작년에 조사한 "평신도의 교회 선택과 만족도"에서는 교회에 대한 만족도나 목회자에 대한 만족도에 대하여 20대가 모든 연령층 중에 가장 낮은 만족도를 나타내 주목을 받기도 하였다. 이 조사에서는 교회에 대한 전반적인 만족도의 긍정률이 평균보다 10%p 이상 낮은 44.7%에 불과하였고, 100점 평균도 62.6으로 가장 낮았다. 이들이 특히 불만족스러워 하는 항목은 사회봉사와 구제(만족률 37.8%, 55.6점), 지역사회와의 관계(만족률 31.1%, 52.7점), 전도와 선교(만족률 36.1%, 54.9점), 자녀 교육환경(만족률 33.3%, 53.4점)으로 모두 낙제점을 주었다.6 그리고 이들은 교회를 떠날 의향도 모든 연령층 중에 가장 높게 나와서 교회를 떠나는 청년들이 늘고 있는 현실에서 관심을 가져야 할 대목이라고 여겨진다.

한국 사회에서 교회가 해야 할 역할에 대해서는 '심적인 안정'(31.8%)이 가장 높게 나왔으나 '사회 참여 활동'(26.8%)이 다음으로 높게 나왔고, '단순한 종교적 기능(예배)'(22.3%)도 비슷하게 나왔다. 선택 항목에 '봉사(구제)'(12.7%)를 따로 제시하였는데 이것

---

6 정재영, "평신도의 교회 선택과 교회 만족도 결과 분석," 21세기교회연구소 · 한국교회 탐구센터, 「어떤 교회를 다니시겠습니까? 자료집」(2016년 11월 25일), 51.

을 사회 참여 활동과 합하면 오히려 사회 차원의 역할이 가장 높은 것으로 볼 수 있다. 따라서 교회에 출석하지 않는 청년들은 한국교회가 단순한 종교적 기능보다는 개인적인 차원에서 마음의 안정이나 이에서 한 걸음 더 나아가 사회적인 역할을 해야 한다고 보는 것으로 해석된다. 특히 앞에서 종교의 역할에 대한 전체 응답자들의 견해는 '내적인 평안'이 가장 많이 나온 것과 비교할 때 교회를 출석하지 않는 청년들의 사회에 대한 관심이 두드러진다는 점에서 주목할 만한 부분이다.

이들이 다시 교회를 다닌다면 역시 '작지만 건강한 교회'(43.0%)에 나가겠다고 응답한 비율이 다른 응답들을 압도하였다. 이것은 청년들이 한국교회가 대형화되면서 여러 가지 문제를 안고 있는 상황에 대하여 상당한 문제의식을 가지고 있는 것으로 볼 수 있다. 실제로 한국교회의 문제점에 대해서, 큰 차이는 아니지만 '교회 성장주의(교회의 대형화)'(16.3%)를 가장 높게 꼽았다.

3. 청년들의 현실

여기에서는 공통 질문을 통해서 청년들의 현실을 들여다보고자 한다. 먼저 청년들의 생활에 영향을 주는 사항에 대하여 가장 많은 30.0%가 '돈'이라고 응답하였고, 다음으로 20.8%가 '친구'라고 응답하였다. 그리고 가장 큰 고민에 대해서는 '취업'(53.7%)이라는 응답이 압도적으로 많았고, 다음으로 '돈(생계)'(22.1%)이라는 응답이 많이 나와서 결국 경제 문제가 청년들의 고민의 대부분을 차지한다고 할 수 있다. 사회적으로 가장 시급하게 해결해야 할 문제에 대해서도 '복지'(26.8%)보다도 '취업'(43.0%)을 가장 많이 꼽았다. 이것은 오늘날 청년들의 현실을 생각할 때 당연한 결과라고 볼 수 있다. 경제 문제가 청년 문제에서 유일한 것은 아니지만, 청년들의 활동에 가장 큰 걸림이 되는 문제로 대두되고 있는 것이다.

우리나라 청년들의 경제 현실을 살펴보면, 우리나라의 청년층 취업자 수는 1990년대 이후 지속적인 감소세를 기록하고 있다. 현재 우리나라의 청년 고용률은 OECD 국가 중 최하위권이고, 최고 수준인 네덜란드와 비교하면 3분의 1 수준이다. 실업률이 우리보다 높은 미국, 일본도 청년 고용률은 우리보다 훨씬 높다. 통계청은 2015년 4월 기준으로 15~29세 실업률이 10.2%라고 발표했는데, 이는 역대 최고치이다. 또한 전체 실업자 중에서 20대의 비중은 40%에 육박한다. 이와 함께 니트족도 100만 명을 넘어섰다. 니트(NEET)족이란 영어 'Not in Education, Employment or Training'의 약자로 일하지 않고 일할 의지가 없는 청년 무직자를 가리키는 말로 영국 정부가 1999년 처음 사용한 말이다. 니트족은 나라마다 조금씩 다른 특징을 갖는데, 우리나라에서는 스스로 구직을 포기하기보다는 일자리 부족으로 취업 경쟁에서 낙오된 사례가 더 많아 '고용 없는 성장'의 여파로 여겨진다. 따라서 공식 실업자에다가 구직 단념자, 취업준비자, 그냥 쉬고 있는 사람들을 모두 포함하면 '사실상 백수'는 공식 실업자의 3배를 넘고 청년 실업률은 20%를 웃도는 수준이다.

이것은 단지 경기 침체의 영향만이 아니라 산업구조와 생산양식의 변화에 따라 청년 노동력 수요가 변하고 있음을 의미한다. 미래 시장 환경이 급변하고 상품 수명 주기도 단축됨에 따라 기업이 단기적인 시장 대응력을 높이기 위해서는 신규 청년 인력보다는 즉각적인 활용이 가능한 경력직 채용을 선호하고 소수 핵심 인력 양성에 집중할 것이므로 신규 청년 인력의 취업난은 향후에도 해소되기 어려울 것이다. 특히 최근에 논의되고 있는 정년연장형 임금피크제가 확산된다면 신규채용은 현격하게 줄어들어 우리 사회에서 청년들의 취업난이 훨씬 더 가중될 것으로 전망된다.

이러한 청년들의 경제 문제는 단순히 청년들의 빈곤문제로 끝나는 것이 아니라 각종 사회문제를 동반한다는 점에서 더 큰 우려를 낳고 있다. 실업으로 인한 자신감 결여와 사회에 대한 불만이 범죄나 자살로 이어질 우려가 있다.[7] 최근 10여 년 가까이 우리나라 10~30대 사망원인 1위가 자살이라는 것은 잘 알려져 있다.[8] 또한 경제적 불안정과 취업 준비로 인해 혼인율과 출산율을 저하시키게 된다. 그렇지 않아도 세계 최저 수준인 출산율이 더 떨어질 우려가

---

[7] 2012년에 '학원복음화협의회'에서 대학생 의식을 조사한 결과에 의하면, "자살에 대해 심각하게 생각해 본 적이 있다"는 진술에 대해서는 전체의 16.3%가 그렇다는 응답을 하여 상당히 심각한 수준으로 나타났다. 조사에 따라 다소 차이가 있지만, 통계청이 펴낸 사회조사보고서에 따르면 대개 7~10% 정도가 자살충동이 있다고 응답하였고, 「2010년 사회조사보고서」에서 20대의 7.5%가 자살 충동이 있었다고 응답한 것과 비교하면 두 배 가량 높은 수치이다.

[8] 2014년의 경우, 세월호 참사로 인해 10대 사망원인 1위가 예외적으로 운수사고였다.

있는 것이다. 뿐만 아니라 청년 실업 문제는 가족 구성원들에게도 고통과 긴장을 주며 강력한 스트레스의 원인이 될 수 있다.

그리고 이러한 경제적인 제약은 청년들의 사회 활동을 위축시키고 이것은 사회 자본의 쇠퇴를 가져온다. 사회 자본이란 협력 행위를 촉진해 사회 효율성을 향상시킬 수 있는 사회 조직의 속성을 가리키는 말로, 사회학자인 퍼트남은 사회 자본은 생산성이 있기 때문에 특정 목표를 달성하는 것을 가능하도록 해 준다고 말한다.[9] 곧 구성원들이 서로 신뢰하고 다른 사람들에 대한 믿음을 보이는 집단은 그렇지 않은 집단보다 많은 것을 성취해 낼 수 있다는 것이다.[10] 그런데 경제적인 압박은 사회적 참여를 약화시킨다. 퍼트남은 경제적으로 곤궁하다고 느끼는 사람들과 저소득층은 잘 사는 사람들에 비해 모든 형태의 사회생활과 공동체 생활에 훨씬 덜 참여한다고 말한다. 결국 사회 자본의 쇠퇴는 청년들의 문제 해결을 위한 노력까지도 위축시킴으로써 악순환을 일으키게 될 것이다.

따라서 이러한 문제에 보다 적극적으로 대처할 필요가 있다. 청

---

9 로버트 퍼트남/안청시 외 옮김, 『사회적 자본과 민주주의』(서울: 박영사, 2000), 281.

10 퍼트남은 「나홀로 볼링」(*Bowling Alone*)라는 책에서 미국에서 볼링리그의 감소가 자발적 시민 결사체를 통한 공동체의 참여가 급감하고 있는 현실을 상징적으로 보여주고 있다고 말한다. 볼링장에서 맥주와 피자를 들면서 사회적 교류를 하고 공동체의 문제에 관해 이야기하는 사람들은 줄어들고 자기만의 여가를 즐기려는 나홀로 볼링족만 북적대고 있다는 사실은 미국의 사회 자본의 감소를 상징적으로 보여주고 있다는 것이다. 이에 대하여는 Robert D. Putnam, *Bowling Alone: The Collapse and Revival of American Community* (New York: Simon & Schuster, 2000), 4장을 볼 것.

년들은 자신들의 문제이니만큼 적극적으로 스스로의 대안을 모색해야 할 것이다. 1970년대 기독 청년 노동자 전태일은 이 사회가 노동자에 대한 법은 가지고 있지만 집행되지 않고 있으며, 이를 아무도 이상하게 여기지 않는다는 소박한 진실의 느낌으로부터 출발해 그러한 진리를 끝까지 고수함으로써 새로운 역사의 물꼬를 텄다. 그리고 이에 대하여 일군의 기독 청년들이 적극적으로 반응하여 노동 운동을 전개하였다. 지금은 그때와 같은 폭압적인 정권 치하도 아니며 노동자들의 권리를 극단적으로 무시하는 상황도 아니다. 그러나 한편으로는 그때와 같이 악 자체가 분명하지 않고 악이 설정되었다고 하더라도 그에 대항하기 위해 연대하기도 쉽지 않은 상황이라는 것이 문제 해결을 어렵게 하고 있다. 청년들은 자신들의 삶을 옥죄는 문제들에 대해 목소리를 내고 대안을 찾기 위해 나서야 한다.

그러나 이번 조사에서 종교가 청년들의 삶, 특히 고민 해결에 미치는 영향력에 대해서는 긍정적인 응답(30.3%)보다 부정적인 응답(38.8%)이 많이 나와서 종교가 큰 도움을 준다고 보기 어려운 상황이다. 특히 도움을 준다는 측면에서 '해결은 되지 않지만 마음의 위로를 준다'(56.0%)는 응답이 절반을 웃돌았고 '물질적, 인적 도움을 준다'(3.6%)는 응답은 매우 낮게 나와서 실질적인 도움을 주지 못한다고 생각하는 것으로 나타났다. 그러나 사회 문제 해결을 위해 종교가 해야 할 가장 중요한 역할로 '개인에 대한 위로를 한다'(27.4%)보다 '사회구조 개혁을 위한 참여를 유도한다'(42.1%)

를 가장 많이 꼽아 종교가 현실 문제에 보다 적극적으로 참여해 주기를 기대하고 있다.

이제는 교회에서도 이러한 청년들의 기대에 부응하여 현실 문제들에 대해 관심을 가지고 지원해야 한다. 이제까지는 교회 안에서 사회 문제들에 대해 이야기하기를 꺼려했지만, 현실 문제는 각자 알아서 해결하고 교회 안에서는 신앙 이야기만 해야 한다는 식으로 접근하는 것은 바람직하지 않다. 우리는 우리 삶의 모든 영역에서 우리의 신앙을 실천하고 하나님의 영광을 드러내야 하기 때문이다. 한국에서 선교 초기에는, 개종하는 사람이 늘어나면서 기독교인들이 함께 모여 기도하고 찬송을 부르고 성경을 공부하며 설교를 들었던 동네 가옥의 사랑방이 교회의 역할을 하였다. 초기에 여자 선교사들은 안방에서, 남자 선교사는 사랑방에 들러 각각의 공간에서 대화의 문을 열기 시작하였으나 이후에 안방이라는 사사로운 공간에 갇혀 공공의 자리로부터 고립되어 있던 여성들도 교회의 공공 공간으로 들어오게 되었다.

이렇게 교회에서는 남녀와 신분의 차별이 없이 공동으로 참여하는 토론회가 활성화되었으며 자원 조직으로서의 교회가 전국 곳곳에 세워지면서 공공의 공간으로서 수평의 의사소통을 수행하는 시민들의 공간이 되었다. 그리하여 교회에 속한 교인은 공공의 공간에 참여하는 자를 뜻하였고, 초월의 가치에 자신을 이어 기존하는 관행을 허물어뜨릴 수 있는 새로운 삶에 헌신하겠다며 공중 앞에서 선서하고 그것을 실천할 수 있는 사람이 당시의 기독교인이었다.

그러나 오늘날 한국의 기독교인들은 이와 같은 기독교 시민으로 서의 직분을 실천하지 못하고 있다. 신앙과 삶은 철저하게 분리되어 자신의 신앙이 삶의 영역에서 기독교 정신에 따라 실천되어야 한다는 사실을 인식하지 못하고 있다. 사회생활을 하는 공간은 그 자체의 논리와 기제에 따라 작동하고 있으며, 여기에 기독교 신앙은 비집고 들어갈 여지가 없다. 기독교 신앙은 식사 전에 기도를 한다든지, 술 담배를 금한다든지 하는 개인의 사사로운 경건 생활의 영역에서만 영향력을 발휘할 뿐이다. 그리하여 기독교 정치인은 조찬기도회는 열심히 하지만 정치판은 정치 논리대로 돌아가는 것이라고 생각할 뿐 기독교 정신을 어떻게 실현해야 할지에 대해서는 생각하지 못한다. 기독교 경제인은 아침 경건의 시간은 갖지만, 자본의 논리에 짓눌려 여느 기업인과 마찬가지로 노동자를 착취하고 세금을 탈루하기도 한다.

교회는 교회대로 교인들이 예배에 잘 참석하고 헌금을 잘 하기만 하면 이른바 '독실한 기독교인'이라고 여긴다. 개개의 기독교인들이 자신의 삶의 영역에서 어떻게 하나님의 주권을 인정하고 하나님의 영광을 드러내야 하는지에 대해서는 도움을 주지 못하고 있다. 이러한 상황에서 교회의 공공성 회복을 위해서는 먼저 의식의 전환이 선행되어야 한다. 이제까지 한국의 개신교는 교회와 사회의 관계에 대해서 지나치게 이원론식 사고방식을 견지해 왔다. 곧 교회 안에서의 생활에 일차의 중요성을 부여하고 일상생활의 영역에 대해서는 중요성을 인정하지 않아, "죄악이 가득하고 썩어 없어질 세상"으로 치부해 온 것이 사실이다. 이러한 이원론식 사고는 기독교인으로서의 사회생활에 올바른 의미를 부여하지 못하여 기독교인들을 분리주의자 또는 배타주의자로 만들어 버린다.

그러나 하나님께서 우리에게 허락한 이 사회는 비록 죄악이 넘쳐난다고 해도 포기하고 방치되어야 할 곳이 아니라, 똑같이 하나님의 영광이 구현되어야 할 공간이다. 하나님은 교회뿐만 아니라 이 세상 만물의 주님이시기 때문이다. 따라서 교회 안에서의 삶에만 높은 가치를 부여할 것이 아니라 교회 안에서 요구되는 엄격한 윤리 기준을 모든 기독교인들의 사회생활에도 확대하여 적용해야만 한다. 교회에서는 세속 사회의 모든 활동에 대하여 기독교의 가치를 부여하고 기독교인들이 따라야 하는 윤리적인 지침을 마련해 줄 수 있어야 한다. 이제 교회는 교회 구성원들에게 양심 있는 시민이 되도록, 사회에 대한 프로그램을 세우고 운영하기 위해 주도권을 쥐도록, 정치 문제들에 대해 잘 알도록 그리고 그들의 양심에 따라 지지하거나 반대하도록 격려할 필요가 있다. 이와 함께 기독교인들은 개인으로서 그들이 관심 갖거나 선택한 정당, 노동조합, 또는 사업 협회 그리고 유사한 운동 단체에 책임감을 갖고 참여하도록 격려 받아야 한다.

이런 점에서 우리는 단순히 기독교인이 아니라 기독 시민이 되어야 한다. 시민은 자기 자신의 이익을 구하거나 자기 가족의 이익을 구하는 사람이 아니고 자신과 가족의 울타리를 넘어서 공공의 문제에 관심을 갖고 토론할 수 있는 사람이다. 이런 시민은 결코 약자나 사회 소수자를 무시하지 않고 그들을 배려할 수 있는 사람이다. 참다운 그리스도인은 참 이웃, 참 시민으로 살아가는 사람이다. 교회는 어려움 속에 고통 받고 있는 우리 사회 청년들의 문제에 대해 보다 깊은 관심을 갖고 그것을 해결하기 위해 적극적으로 노력해야 한다.

현실의 문제를 해결하는 것은 쉬운 일이 아니나 이런 현상을 바꾸기 위해 접근하는 방식은 원리상 두 가지로 요약된다. 하나는 거시적인 관점에서 근본으로부터 구조의 변화를 추구하는 것이고 다른 하나는 미시적인 관점에서 개인적으로 노력하는 것이다. 흔히 구조적인 접근이라고 하면 좌파의 방법이라고 생각하며 꺼리는 경향이 있지만, 이러한 생각은 옳지 않다. 강에 있는 다리가 유실되어 사람들이 자꾸 넘어지거나 떨어져서 다치게 되었다고 생각해 보자. 이때 다친 사람들에게 약을 발라주고 붕대를 싸매주는 것이 개인적인 접근이라면 유실된 다리 자체를 수리하거나 바로 세우는 것이 구조적인 접근이다. 이러한 방식이 때로는 기존의 사회 질서를 변혁시키거나 제도 개혁을 하는 데까지 나아가기 때문에 어느 정도 체제 비판과 상관성이 있지만, 구조적인 접근 자체를 좌파라고 몰아붙이고, 좌파라고 하면 마치 사회주의 사상과 연관되는 듯이 매도하는 것은 온당하지 못하다. 앞에서도 말했듯이, 이번 조사에서도 사회 문제 해결을 위해서 종교가 해야 할 중요한 역할로 청년들은 가장 많은 42.1%가 '사회구조 개혁을 위한 참여를 유도한다'고 응답하여 이러한 인식을 공유하고 있는 것으로 나타났다.

그런데 구조적인 변혁은 앞에서 말했듯이 쉽게 이룰 수 있는 성질의 것이 아니다. 구조는 한번 바뀌면 또다시 바꾸기 어렵기 때문에 많은 사람들의 의견을 수렴해야 하고 그 과정도 공정해야 한다. 그리고 기존의 질서 속에서 이득을 보아온 사람들이 기득권을 포기하려고 하지 않기 때문에 갈등을 일으키기 쉽고, 게다가 여러 가지 정책적인 고려까지 감안한다면 그야말로 단시일에 해결할 수 있는 일이 아니다. 그래서 요즘에는 웬만한 노력으로는 안 된다는 뜻으로 '노오력'이라는 표현을 쓰기도 한다.

우리는 획기적인 변화와 개선을 원하지만, 그것이 쉽지 않기 때문에 이를 이루기 위해 구조적인 개선의 노력과 함께 개인적인 노력을 병행하는 것이 무엇보다 중요하다. 이러한 노력을 할 수 있는 방법 중의 하나는 다양한 시민단체를 조직하거나 여기에 참여하는 것이다. 라인홀드 니버가 『도덕적 인간과 비도덕적 사회』에서 설파했듯이, 사회의 구조악은 개인의 노력으로 극복될 수 없고, 사회 변화는 한두 사람의 노력으로 이룰 수 없기 때문에 뜻을 같이 하는 사람들이 모여서 함께 고민하며 토론하고 힘을 모을 필요가 있다. 단순히 자신들의 이익을 추구하는 이익단체가 아니라 시민 도덕심에 기초한 시민단체를 통해서 우리 사회의 공동선을 추구하는 것이다.

시민단체는 두 가지 특성을 가지고 있는데 하나는 권리 주창이고, 다른 하나는 자원성이다. 흔히 시민단체라고 하면 머리에 띠를 두르고 거리에서 시위하는 것을 떠올리는 것은 우리 사회에 권리 주창형 시민단체가 많기 때문이다. 이러한 활동은 사회 약자의 권리와 사회 공공성을 알리기 위해 반드시 필요한 활동이다. 그러나 시민단체의 또 다른 주요 특성이 있는데 그것은 자원성에 터한 사회 활동이다. 곧 자원봉사 활동이다. 활동에 대한 보수를 바라지 않고 사회에 대한 기여를 하는 여러 가지 활동들을 포함한다.

이러한 자원봉사는 최근에 "경제 위기로 인한 복지국가의 해체 그리고 시장 원리가 더 강화된 경제 패러다임에 대응하여, 자연과 인간의 공존을 지향하는 사회 패러다임을 중심으로 경제를 사회에 통합하고 문화와 창조성에 뿌리를 둔 인간의 목적의식을 인간에게 돌려주는 운동"으로 보다 폭넓게 이해되고 있다. 다시 말하면, 자원봉사 활동은 공리주의 가치에 의해 왜곡되고 모순된 인간관계를 해체하고 윤리적 가치로 재결합하는, 궁극의 가치와 도덕 가치의 재구성이라고 할 수 있다.[11] 이러한 관심은 기독교적 가치와도 일맥상통한다고 볼 수 있다. 따라서 기독교인들은 자신의 소명에 따라 다양한 시민단체에 참여하여 신앙을 실천할 필요가 있다.

4. 나가는 말

앞에서 소개한 데이비드 키네먼은 십대에 교회에 간 미국 젊은이들의 60% 가까이가 고등학교 졸업 후에 교회를 떠나고 있다고 말하는데, 그 이유는 신앙에 대한 의문을 가지고 있는데 교회에서 무

---

11 이에 대하여는 김경동, 『급변하는 시대의 시민사회와 자원봉사: 철학과 과제』 (서울: 아르케, 2007)를 볼 것.

시당하고 예술이나 과학에 관심을 가지고 있는데 이러한 것들은 기독교인들의 소명이 될 수 없다며 사기를 꺾었기 때문이라고 말한다. 그래서 이 젊은이들은 자신의 부모나 다른 나이 든 어른들로부터 고립감을 느끼게 되는 것이다. 결국 미국의 기독 청년들은 교회가 자신들의 관심과 필요를 이해하지 못하고 실제적인 지침을 주지 못한다고 생각하게 된다.

그럼에도 키네먼은 교회를 떠난 많은 미국 청년들이 여전히 신앙을 추구하고 있다고 말하면서 젊은이들이 스스로 질문하고 자신의 생각과 의심까지도 표현할 수 있도록 해야 한다고 조언한다. 그리고 기성세대가 이제는 대량생산 하듯이 청년 신앙인들을 양산하려고 하기를 그만 두고, 이들에 대해 일대일의 관계를 갖고 세심한 관심을 기울여야 한다고 말한다. 결국 기성세대가 이들의 멘토가 되어야 하는 것이다. 이것은 가나안 성도에 대해 연구한 필자도 똑같이 하고 싶은 말이다. 청년들을 '교회 일꾼'이라고 말하며 부속품처럼 가져다 쓰기 이전에 이들의 현실 문제에 공감하고 같이 아파하며 대안을 만들기 위해 노력해야 한다.

여기에 굳이 복음주의니 에큐메니칼이니 하는 구분은 필요 없다. 이것은 신학 노선에 따른 구분일 뿐 우리 사회에 청년들의 현실은 신학 노선에 따라 다른 것이 아니기 때문이다. 또한 보수와 진보의 구분도 큰 의미가 없다. 흔히 보수라고 하면 사회 문제에 관심이 없다고 생각한다. 그러나 신앙에 대하여 진정한 보수주의자라면 쉽사리 현실과 타협하려 하기보다는 순수한 신앙을 지키기 위해 신앙을 변질시키거나 왜곡하는 대신 세상을 변혁시키려고 할 것이다. 성경의 가르침을 철저하게 따르기 위해서는 성경의 가르침에 맞지 않는 우리 사회의 가치와 규범을 고쳐야 하기 때문이다. 그러나 우리 주변에서는 보수 신앙을 외치면서도 시류에 쉽게 편승하거나 진보 신앙을 주장하면서도 불의한 사회 질서와 삶의 조건에 대해서는 무관심한 사람들이 많다. 이는 진정한 보수도 진정한 진보도 아니다.

한 가지 유의할 것은 기성세대가 마치 모든 답을 알고 있는 듯이 청년들에게 지시를 하거나 강요해서는 안 된다는 점이다. 현실 문제가 언뜻 기성세대가 젊은 시절에 겪은 것과 비슷해 보일지 몰라도 깊이 들여다보면 그렇게 간단치 않다. 또한 오늘 젊은이들의 정서나 처지는 20, 30년 전의 그것과 같지 않기 때문이다. 자신의 생각으로 윽박지르려고 하기보다 이들이 자기 나름의 방식으로 자신들이 공감할 수 있는 방법으로 해결해 나갈 수 있도록 돕는 것이 기성세대가 할 수 있는 최선의 일일 것이다.

최근 선거 기간을 통해 우리 사회에서 청년 문제에 대해 조금이나마 관심을 가지게 된 것은 다행스러운 일이다. 그리고 사회적 경제나 공동체 자본주의 차원에서 청년들을 중심으로 하여 대안 경제에 대한 관심이 고조되고 있는 것도 반갑다. 특히 서울 시장이 지역운동가 출신이이서 이 부분에 대한 관심이 지대하고 행정 차원에서 많은 지원이 이루어지고 있는 것은 환영할 일이다. 그러나 행정의 지원 이전에 더욱 중요한 것은 사람들의 인식 변화와 공감대 형성을 통한 역량 강화이다. 실제로 그러한 일에 참여하거나 감당할 만

한 준비가 되어 있지 않은 상황에서 행정 차원에서 위에서부터(top down) 전개되면 본래의 취지가 왜곡되기 쉽다. 사회적 기업이나 마을 기업 등에서 실제 일을 담당해야 할 주민들의 역량이 부족한 상황에서 많은 부작용이 일어나고 있는 것이 우리 사회의 현실이다. 따라서 공동체 자본주의에 대해 깊이 이해하고 공감하는 사람들이 시행착오를 겪더라도 함께 참여하며 극복해 나갈 필요가 있다.

요즘에는 이러한 협동조합에 관심을 가지고 참여하고 있는 교회들도 있다. 사회적 기업이나 마을 기업을 협동조합 형태로 조직하여 지역 활성화와 살기 좋은 마을 만들기에 기여하는 것이다. 이러한 다양한 대안 경제 운동을 통해 현재 자본주의 문제와 위기를 극복하고 기독교 정신에 입각하여 하나님의 형상을 회복하는 삶을 사는 데 일조할 수 있으리라 기대한다. 특히 기독 청년들이라면 세상의 가치가 아니라 하나님 나라의 가치를 따라 자신의 인생을 계획해야 할 것이다. 이 땅의 기독 청년들이 성경의 가르침을 따라 자신의 문제를 극복할 뿐만 아니라 우리 사회를 새롭게 변화시키는 데 한 알의 밀알처럼 쓰임 받기를 소망한다.

한 몸 된 공동체에서 개신교 청년들이 세워진다
— 〈설문조사〉 분석을 중심으로

정인곤
(기독청년아카데미 사무국장)

청년들이 교회를 떠나고 있다. 여론은 기독교에 대해 비우호적이고 때때로 적대적이다. 기독교인들에 대한 신뢰도는 가파르게 떨어지고 있고, 목사는 먹사, 막사라고 불리기도 한다. 우리 사회는 한국의 기독교를 더 이상 도덕적이지도 개혁적이지도 않다고 인식하고 있다. 어떻게 할 것인가? 이번 〈청년의 교회/종교 인식 설문조사〉는 이런 상황을 심각하게 받아들이고 종교개혁 500주년을 맞아 기독교 갱신을 바라는 활동 중 하나로 볼 수 있겠다. 이번 설문조사 결과는 한국 기독교가 기독교 신앙의 근원에서 멀어졌으며, 우리 시대와도 소통되지 못한다는 점을 여실히 드러내주고 있다. 사태의 심각성을 인식할 뿐만 아니라 교회 개혁의 실마리도 발견할 수 있길 기대한다.

　설문조사 결과 분석에 앞서, 설문조사를 통해 얻을 수 있는 점과 동시에 그걸로 인해 오해나 편견이 강화될 수도 있다는 점 또한 놓쳐서는 안 될 것이다. 설문조사를 통해 확인될 수 있는 성격이 있는가하면 양적 조사인 탓에 파악하기 어려운 것도 있다. 이미 통계청이나 기독교 기관/단체에서 실시해온 통계조사 결과가 많은데, 그것을 통해 기독교인 숫자, 기독교에 대한 인식 등을 확인할 수 있다. 이런 점들은 양적 통계를 통해 주어져서 다소 충격적으로 다가온다. 그러나 그런 점들은 자신의 경험이나 주변 사람들의 인식을 통해서 충분히 짐작할 수 있는 것들이다. 짐작했던 걸 확인하는 수준을 넘어 새로운 이해를 불러일으킬 수 있어야 의미 있는 통계 결과라 할 수 있을 것이다.

　먼저 통계청의 〈2015 인구주택총조사〉 종교 통계 부분을 살펴보자. 통계청의 조사는 5년마다 실시되는데, 종교 인구 조사의 경우에는 10년마다 실시되고 있다. 종교 인구 조사는 현재 1995년과 2005년 그리고 2015년 통계가 있어서 종교 부분 변화를 확인할 수 있다. 2015년 통계에 따르면, 개신교 인구가 10년 전에 비해 123만 명이 늘어나 967만 명에 이르렀고, 최초로 불교 인구를 앞질러 최대 종교가 되었다(불교는 761만 명, 천주교는 389만 명). 개신교 인구가 체감으로는 줄고 있는데 통계상으론 증가해서 결과 자체가 논란이 되기도 했다. 2015년 통계 부분에서 중요한 점 중 하나는 최초로 비종교 인구가 종교 인구를 앞질러 56.1%이었다는 점이다. 2005년에 비해 2015년 인구 자연 증가는 270만 명인데, 종교 인구는 297만 명이 줄었고 비종교 인구는 567만 명이 늘어났다. 개신교 인구가 늘어났다고 하더라도 계속적인 종교 인구 감소라는 추세 자체에 주목할 필요가 있다. 사람들이 종교와 맺는 관계성(혹은 종교성) 패러다임이 바뀌고 있는 건 아닌지 연구가 필요한 것이다.

조금 더 근원적인 질문도 가능하다. 종교 인구 통계 결과를 근거로 종교 인구나 개신교 인구가 증감했다고 할 수 있는가? 응답자의 자기 정체성을 중심으로 판단하는 게 성경적이라고 할 수 있겠는가? "나더러 주여 주여 하는 자마다 천국에 들어가는 게 아니라"라고 성경이 말하고 있다. 개신교 인구 조사 자체가 가능한 것인지 논의가 필요하다. 사실 종교 인구 통계라는 게 개인의 응답으로 확정할 수 있다는 전제 위에서만 가능할 뿐이다. 따라서 그러한 전제를 받아들일지가 쟁점이 된다. 성경은 말이 아니라 삶에 초점을 두고 순간이 아니라 과정을 두고 판단한다. 뿐만 아니라 개신교 정체성은 소속의 문제가 아니라 내면의 문제이지만, 그 내면은 한 개인의 차원을 넘어 공동체적인 성격을 갖는다. 개신교인 숫자를 언급하면서 교회 공동체 차원을 놓친다면 성경의 맥락과 무관해질 수도 있다.

종교 인구가 아닌 종교 인식에 관한 통계조사 또한 액면 그대로 읽을 수는 없다. 〈청년들의 교회/종교 인식 설문조사〉 결과를 이해하기 위해서는 설문조사에 누가 응답했는지부터 규명되어야 한다. 막연히 '청년들의 교회/종교에 대한 인식'이라고 여긴다면 어떤 편견만 강화될 뿐이다. 설문조사에 응답한 사람들은 총 1329명으로, 연령대로는 20대(60.0%)와 30대(29.3%)가 주로 응답했고, 지역적으로는 서울·경기가 64.1%로 가장 많다. 또한 응답자의 86.7%가 현재의 종교를 개신교라고 했다. 천주교인은 5.9%에 불과하다. 따라서 이번 설문조사는 나이는 20-30대이면서 서울·경기를 비롯한 도시에 거주하는 개신교인들의 종교 인식에 관한 것이라고 해도 무방할 것이다. 이러한 층이 설문조사에 응답한 것은 NCCK 청년위원회와 한국기독청년협의회(EYCK)가 주관했다는 점도 고려되어야 할 부분이다.

8번 질문(가장 선호하는 종교)과 10번 질문(현재 교회 출석 여부)의 결과를 보면 설문 응답자의 성격이 조금 더 명확해진다. 설문에 응답한 86.7%가 개신교인인데, 개인적으로 선호하는 종교에서 '개신교'는 58.5%에 그친다. '천주교'는 15.3%, '불교'는 13.8%, '기타'는 8.0%다. 개신교인이지만 충성도도 낮고, 개신교 정체성이 약한 것이다. 이런 측면은 교회 출석과도 이어진다. 교회 출석하는 기독교인은 55.3%, 교회에 출석하지 않은 기독교인은 12.0%다. 흥미로운 점은 10번 질문에서 무교/타종교라고 응답한 비율이 32.7%에 이른다는 것이다. 2번 질문에 대한 응답과 충돌된다. 짧은 순간이지만 2번과 8번 그리고 10번 질문에 응답하면서 내적 혼란이 생겼다고 봐야 할 부분이다. 따라서 이번 설문에 응답한 20-30대 서울·경기 개신교 청년들은 개신교인이면서 개신교에 대한 비판의식이 높고 또한 교회에 출석하지 않은 사람도 적지 않으며, 소속과 내면 간에 충돌이 많다. 또한 개신교 개혁에 대한 서술식 답변 결과에서도 볼 수 있듯이 개신교에 불만이 상당히 많은 사람들이다. 의도했던 그렇지 않았든 간에 이번 설문 결과는 개신교에 불만 있는 내·외부 사람들의 불만 종합보고서라고 해도 무리는 아니라고 본다.

20-30대 청년들이 교회에 대해서 갖는 불만들은 4번(종교생활 하지 않는 이유), 13번(교회 옮긴 이유), 17번(사회정치적인 대회 빈도수), 18번(현재 출석하는 교회의 문제점), 20번(현재 교회에 다니지 않는 이유), 22번(교회 떠난 이유), 33번(한국교회의 문제점) 질문에 직·간접적으로 들어가 있다. 그러나 이는 설문조사 주최 측에서 한국교회의 문제점을 도출하려는 의도를 강하게 드러난 경우다. 응답자는 알게 모르게 문제점을 선택하도록 유도되는 측면도 있다. 주최 측에서는 주요한 한국교회 문제점으로 목회자 비윤리성, 헌금 강요, 교회 내 갈등, 교회의 정치사회적 보수성, 비민주성, 교회의 대형화, 교회 건축 등으로 꼽고 있다. 4번, 13번, 20번 질문에 대한 응답 결과는 교회의 문제보다는 개인적인 이유(생활권의 변화, 믿음이 없어서, 얽매이기 싫어서)가 더 크다는 걸 말해준다. 흥미로운 부분이다. 주최 측에서는 교회에 문제가 있어서 떠날 거라는 예상했겠지만, 구조적이거나 윤리적인 문제가 교회 출석에 별로 큰 영향을 주지 않았다.

질문 내용을 바꿔서, 청년들이 교회를 떠나는 이유보다 교회에 머무는 이유에 초점을 둔다면 새로운 측면이 부각된다. 3번(현재 종교를 선택한 이유) 질문에 대한 답변과 4번, 13번, 20번 질문에 대한 답변은 직접 연결되지 않는다. 교회를 출석하는 이유(구원 54.8%,

마음의 평안 24.0%)가 부정되지 않더라도 다른 이유와 상황으로 교회 출석을 하지 않는 것이다. 교회 청년들의 감소는 떠나야 할 이유보다는 교회에 계속 머물 이유가 없기 때문이라고 해도 무리한 해석은 아니다. 특히 이번 설문에 응답한 청년들은 교회에 머물 이유가 더 이상 의미 없게 느껴는 그룹인지 모른다.

20-30대 청년들이 교회에 머무는 이유는 3번(현재 종교 선택한 이유), 5번(종교의 가장 중요한 역할), 9번(선호하는 종교 이유) 질문 결과를 통해 짐작해볼 수 있다. 이번 설문에 응답한 20-30대 교회 청년들은 '마음의 평안', '내적인 평안'을 꼽았다. 심리적 안정과 위안이라는 키워드가 갖는 의미는 다른 항과의 차이에서 확인되는데, 외부 활동(사회구조 개혁 참여 유도, 정책 제안, 봉사활동)이나 외부와의 관계성(사회적 연대성, 인간관계 네트워크)이 아닌 것이다. 28번(종교가 청년 고민에 주는 도움)과 32번(한국 사회에서 종교의 순기능)에서도 심리적 측면이 절대적이다. 개인적 차원이 아닌 사회적으로 볼 때에도 개신교를 포함한 종교는 실제적인 변화나 도움보다는 심리적 안정과 위안 이상 역할을 해내기 힘들다고 본다. 별로 기대를 하지 않는다는 것으로 해석된다.

이번 설문결과에서 가장 문제적이라고 할 수 있는 부분은 이상적인 교회 모습을 묻는 19번, 23번 질문 결과이다. 질문은 각각 기독교인이면서 교회에 다니는 사람과 기독교인이면서 교회에 다니지 않는 사람에게 주어졌는데, 결과는 작지만 건강한 교회로 응답한 비율이 각각 47.9%, 43.0%로 나왔다. 예배 분위기나 민주적 소통에 비해서 2-3배 이상 응답이 나왔다. 정치·사회 참여는 예상보다 낮은 비율(6.0%, 9.5%)이었다. 문제는 선호가 분명한데 그 내용을 파악할 수 없다는 점이다. 작다는 건 크기의 문제인데, 읽는 사람마다 기준이 다를 수밖에 없다. 건강하다는 것도 마찬가지다. 어떤 이는 민주적 소통이나 정치사회적 참여를 포괄하는 의미로 건강하다는 것을 읽을 수 있다. 작고 건강한 교회라는 표현 자체는 굉장히 많은 의미가 있으면서 동시에 어떤 것도 표현하지 못하고 있다.

〈설문조사〉에 대한 기독교신문 뉴스앤조이 기사에 달린 SNS 댓글에서도 '작고 건강함'이라는 표현 자체가 논란이 되었다. 작은 교회가 건강하다는 수식어와 연결될 수 있는 것은 교회의 대형화가 문제를 만든 원인이라는 전제가 있기 때문이다. 그런 맥락에서 '작고 건강한' 교회라는 '건강하지 않은 큰' 교회에 대한 부정이다. 댓글에는 작지만 건강하지 않은 교회가 많다는 이야기가 자주 언급되었다. 작은 교회는 작은 이유가 있다는 이야기도 있었다. 작은 교회는 헌신을 요구한다는 댓글도 있었다. 논의하면 할수록 논쟁으로 비화된다. 작다와 건강하다를 형용사가 아니라 동사로 읽어야 한다는 것 정도가 응답자들의 의도에 부합하리라 본다.

13번(교회 옮긴 이유)과 20번(현재 교회에 다니지 않는 이유) 질문, 25번(청년들 생활에 가장 큰 영향)과 26번(청년들 가장 큰 고민) 질문에 대한 응답에서 청년들의 인식에서 종교는 별로 큰 변수는 아니라는 점을 확인할 수 있다. 교회를 옮기거나 떠나는 이유는 다분히 개인적인 측면(생활권의 변화, 믿음이 없어서, 얽매이기 싫어서)이 강하다. 또한 자신을 포함한 청년들의 삶에 주요한 영향을 주는 것은 '돈'이나 '친구관계' 정도이다. 이번 설문에 응답한 20-30대 청년들은 기독교적 요소(교회 공동체, 신앙의 양심 등)를 중심적 기준으로 판단하지 않는다. 기독교 신앙을 생활의 부분적인 측면으로만 여기는 것이다. 교회 공동체나 기독교 신앙에 헌신하거나 투신할 의향이나 의지가 약하다는 걸 의미한다. 교회 생활에 관해 유·불리를 따지지 않더라도 교회 생활 여부가 삶에 큰 영향이 없는지도 모른다.

작고 건강한 교회에 대한 선호와 교회를 옮기거나 떠나는 이유를 연결 지어 해석해보면, 작고 건강한 교회의 한계선이 드러난다. 교회는 심리적 안정과 위안을 위해서 작아지고 건강해져야 하는데, 너무 깊거나 진지해져서 개인의 삶과 전망에 걸림돌이 되어서는 안 된다. 이런 측면에서 12번(교회 옮긴 경험) 질문에 대한 응답도 해석된다. 교회를 옮긴 적이 없던 20대 초반에서 20대 후반, 30대 초반과 후반으로 갈수록 교회 옮긴 횟수는 늘어난다. 이런 경향성에서 강한 자기중심성을 읽어낼 수도 있겠다.

성경은, 특히 복음서에는 자신의 모든 것을 버리고 예수를 따르라는 걸 명확하게 이야기하고 있다. 또한 예수를 따르려거든 자기 십자가를 져야 한다고 말한다. 자기중심성 혹은 나르시시즘 부정을 요구한다. 기독교 신앙을 통해 새로운 가치 기준이 만들어지고 삶의 전반적인 전환을 함께 해가야 한다는 걸 의미한다. 기독교 신앙을 부분적으로 받아들인다는 것에 관해서 두 주인을 섬기는 것이라고, 영적 간음이라고까지 표현하고 있다. 설문지 질문 중에 기독교 신앙의 원칙·양심을 묻는 부분이 있었다면 어떤 통계 결과곤가 나왔을까?

기독교 신앙은 단지 윤리적 삶만을 지향하는 게 아니다. 회심과 회개는 반드시 거쳐야 하며 기독교적 삶을 위해서 공동체적 관계로 들어간다고 봐야 한다. 기독교 신앙이 액세서리에 불과한 게 아니라 삶 전체이므로 기독교인의 삶은 끊임없는 불화와 충돌일 수밖에 없다. 기독교 신앙은 소속의 문제가 아니라 방향성의 문제이다. 문제의식은 혼자서도 느낄 수 있으나 다른 삶은 더불어 있을 때 가능하다. 그런 탓에 기독교 신앙은 공동체적인 방식으로 이어져왔다. 이런 기독교 신앙의 내적 원리가 반영된 질문도 있었다면 어떤 결과가 나왔을까? 청년들의 종교 인식 중 외적이거나 표면적인 것만 물어진 것 같아 아쉬움이 남는다.

기독교 신앙이 삶 전체의 변화를 촉구한다는 점에서 끊임없는 자기 형성 과정에 있다. 성경에는 "선줄로 생각하는 자는 넘어질까 조심하라"라고 경고한다. 또한 "처음 된 자 나중 될 수 있다"라고 말한다. 자기 자신을 기독교인으로 끊임없이 만들어가는 과정 자체의 중요성을 말하는 것이다. 기독교인이 되기 위해서는 자기 형성의 실천이 있어야 한다. 수행성이라는 개념은 일상적 삶과 자기 인식 간의 관계를 포착하고 있다. 그런 면에서 기독교인이면서 교회에 출석하지 않는 사람에게 던져진 21번(교회 출석 대신하고 있는 신앙생활) 질문이 의미심장하다. 교회에 소속 여부보다 기독교인이라고 느끼는 순간과 그 경험을 물었다면 청년들의 종교 이해가 더 잘 드러났을지도 모른다.

기독교가 한국 사회에 전래된 이래 한국 사회에 크고 작은 변화를 가져온 게 사실이다. 초창기엔 남녀평등, 보통교육 등 신분제 질서 해소에 큰 기여를 하였고, 해방 후 사회복지에 남다른 역할을 해왔고, 1970-80년대엔 민주화운동에서 굉장히 중요한 부분을 차지했다. 기독교 신앙을 삶 전체로 받아들였고, 새로운 가치, 문화를 한국 사회에 힘 있게 소개하고 한국 사회를 바꿔온 것이다. 그러나 현재 기독교는 양적으로 질적으로 쇠퇴하고 변수가 아닌 결과값이 되고 있다. 기독교적 삶, 기독교적 사회가 사라지고 있다. 기독교적 주체, '기독 청년'이 세워지지 않기 때문이다. 교회가 기독교적 가치를 포기하거나 다른 가치와 타협한 결과이다. 따라서 현시점에서 함께 논의할 것은 기독교인의 숫자보다 중요한 건 기독교적 주체 생성이고, 교회를 떠나지 않게 하는 것보다 교회에 함께 할 이유를 만들어가는 것이다.

〈청년의 교회/종교에 대한 의식 설문조사〉
결과 보고서

I. 설문조사 방법

1. 조사 배경

종교개혁 500주년을 맞이하면서 교회/종교의 개혁을 위한 많은 움직임들이 있으며, 우리는 이 시점에서 종교개혁의 의미를 다시금 상기시킬 필요가 있다. 500년 전 종교개혁이 내 걸었던 슬로건인 "오직 믿음으로만, 오직 성서로만, 오직 은혜로만"을 반복하는 과거지향적인 태도에서 벗어나, 그것이 가졌던 핵심 정신인 "기존의 체제를 바라보는 새로운 시선"을 가지고 현실과 삶을 바라보는 미래지향적 태도를 가져야할 것이다. 종교개혁의 핵심은 거시적 차원뿐만 아니라 미시적 차원에서 작동할 수 있어야 하므로 교회/종교의 개혁뿐만 아니라 사회구조와 개인의 삶에 영역에까지 그 범위를 넓히는 길을 모색하고자 함이다. 따라서 기독교인과 비-기독

교인을 대상으로 한 설문조사를 통해 종교개혁 정신이 다양한 영역
에서 작동하도록 하고자 한다.

2. 조사 설계 및 분석

○ 조사 설계

- 조사 대상 : 만 19세~60세 미만, 남/여

- 표본 설계 : 유의표본추출(purposive sampling) 방식으로 총
1,300명 추출

- 조사 도구 : 한국기독청년협의회와 한국기독교교회협의회 청년
위원회가 협의하여 설문지 구성

- 조사 방법 : 구조화된 설문지를 이용한 온라인 설문조사

- 조사 기간 : 2017년 5월 15일 ~ 6월 30일

○ 조사 내용

〈표 Ⅰ-1〉 조사 내용

구 분	문항 수(총 39문항)
Ⅰ. 종교생활	10문항
Ⅱ. 교회 출석자 현황	10문항
Ⅲ. 기독교인이지만 교회 출석하지 못하는 자 현황 5문항	
Ⅳ. 공통 질문	10문항
Ⅴ. 개인 인적 사항	4문항

○ 자료 처리 및 분석

- 본 조사에서 수집된 자료는 Editing ⇨ Coding/Punching ⇨ Data Cleaning의 과정을 거친 후 자료처리를 실시하였고, 자료 처리를 위해 사용된 프로그램은 SPSS 21.0(Statistics Package for Social Science)임
- 자료 분석은 기술통계량 분석과 빈도분석(frequency analysis)을 실시
- 기술통계량(Estimates)은 기본적으로 평균값(Mean)을 사용하였으나, 명목 척도(Normal Scale)인 경우는 백분율을 사용
- 세부집단별 특성을 분석하기 위하여 교차분석(Chi-Square test)을 실시

3. 응답자 특성

응답자의 특성은 다음과 같다.

〈표 Ⅰ-2〉 응답자 특성

구분		빈도	퍼센트(%)
성별	여성	650	49.1
	남성	626	47.2
	그 외, 밝히고 싶지 않음	49	3.7
연령	19세 이하	39	2.9
	20~24세	427	32.2
	25~29세	369	27.8
	30~34세	253	19.1
	35~39세	135	10.2
	40세 이상	105	7.9

구분		빈도	퍼센트(%)
직업	학생	456	35.7
	입시(편입)준비	28	2.2
	취업준비	122	9.6
	회사원(공무원)	350	27.4
	예술 종사자	63	4.9
	활동가(NGO단체 등)	56	4.4
	자영업(학원 및 개인사업)	111	8.7
	기타	90	7.1
지역	서울, 경기권	843	64.1
	강원도	19	1.4
	충청도	157	11.9
	경상도	150	11.4
	전라도	139	10.6
	제주도	7	0.5

II. 조사 분석 결과

1. 종교생활

1) 현재의 종교생활 여부

응답자의 현재 종교생활 여부를 살펴보면 종교생활을 하고 있
는 경우가 65.8%, 그렇지 않은 경우가 34.2%이다.

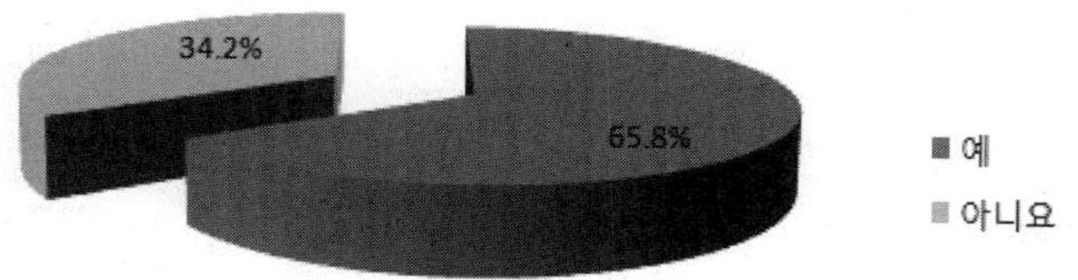

[그림 Ⅱ-1] 현재 종교생활 여부

2) 현재의 종교

현재의 종교를 살펴보면 기독교(개신교)가 86.7%로 가장 많았고, 그 다음으로 기독교(가톨릭)(5.9%), 불교(3.8%), 원불교(2.7%) 순으로 많았다. 한국기독청년협의회의 페이스북 페이지를 중심으로 한 홍보로 인해 개신교 응답자수가 많았다고 판단하고, 비기독교인의 참여가 적었음이 아쉬운 점으로 남는다.

3) 현재 종교를 선택한 가장 큰 이유

현재 종교를 선택한 가장 큰 이유를 살펴보면 나(가족)의 구원을 위해가 54.8%로 가장 많았고, 그 다음으로 마음의 평안을 얻기 위해(25.0%), 부모님의 강요로(8.0%), 기타(6.6%) 순으로 많았다. 기독교(개신교) 응답자의 현재 종교를 선택한 이유의 기타 응답으로는 예수를 믿기 때문에, 교회 밖 작은 예수가 되기 위해가 있었고, 비기독교의 기타응답으로는 세상을 변혁시키기 위해서, 가족 전체가 믿기 때문이라는 응답도 있었다.

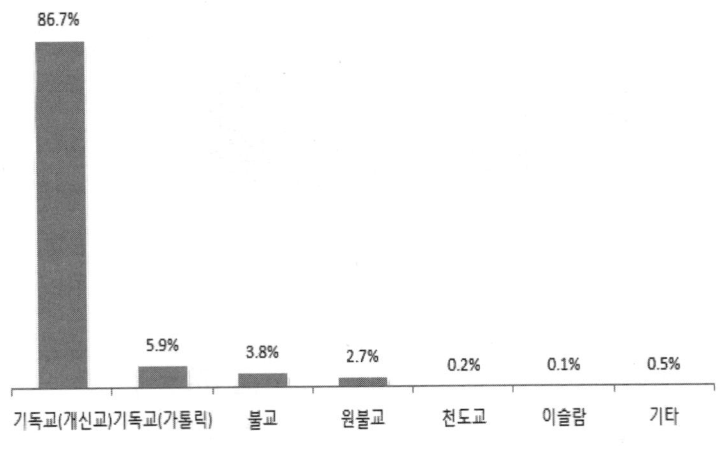

[그림 II-2] 현재의 종교

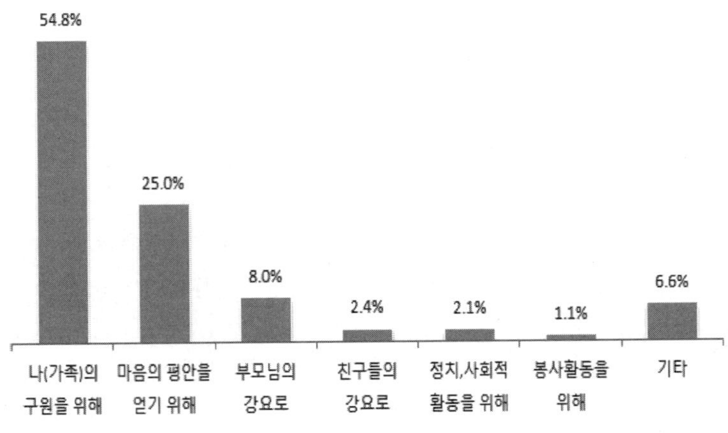

[그림 II-3] 현재 종교를 선택한 가장 큰 이유(복수 선택)

　　연령에 따른 현재 종교를 선택한 가장 큰 이유 간의 교차분석 결과는 20~29세는 다른 연령에 비하여 '부모님의 강요로'라는 응답이 상대적으로 많았고, 35세 이상은 '나(가족)의 구원을 위해'라는 응답이 상대적으로 많았다.

　　직업에 따른 현재 종교를 선택한 가장 큰 이유 간의 교차분석 결과에 따르면 학생은 다른 직업에 비하여 '부모님의 강요로'라는 응답이 상대적으로 많았고, 입시(편입)준비생은 '친구들의 강요'가 많았다. 그리고 활동가(NGO단체 등)는 다른 직업에 비하여 '정치, 사회적 활동을 위해'라는 응답, 자영업(학원 및 개인사업)과 기타는 '나(가족)의 구원을 위해'라는 응답이 상대적으로 많았다.

〈표 II-2〉 현재 종교를 선택한 가장 큰 이유(복수 선택)

	구분	빈도 (회차)	나 (가족) 구원을 위해	마음의 평안을 얻기 위해	부모님 강요로	친구들 강요로	정치 사회적 활동을 위해	봉사 활동을 위해	기타
연령	19세 이하	28	50.0	25.0	7.1	0.0	3.6	3.6	10.7
	20~24세	237	46.4	27.8	11.0	5.1	2.1	2.1	5.5
	25~29세	208	57.7	23.6	9.1	0.5	1.9	0.5	6.7
	30~34세	165	53.3	25.5	6.1	2.4	1.8	1.2	9.7
	35~39세	82	64.6	17.1	6.1	0.0	4.9	0.0	7.3
	40세 이상	83	66.3	27.7	2.4	2.4	0.0	0.0	1.2
직업	학생	272	50.4	24.6	11.0	2.9	2.2	1.5	7.4
	입시(편입) 준비	13	38.5	30.8	0.0	23.1	7.7	0.0	0.0
	취업준비	75	53.3	29.3	8.0	1.3	0.0	1.3	6.7
	회사원 (공무원)	206	57.8	27.2	8.7	1.5	0.0	1.0	3.9
	예술 종사자	33	57.6	15.2	6.1	0.0	6.1	6.1	9.1

활동가 (NGO 단체 등)	39	41.0	17.9	7.7	2.6	15.4	0.0	15.4
자영업 (학원 및 개인사업)	74	62.2	31.1	1.4	1.4	0.0	0.0	4.1
기타	58	67.2	13.8	1.7	1.7	1.7	0.0	13.8

(단위: %)

4) 현재 종교생활을 하지 않는 이유

현재 종교생활을 하지 않는 이유를 살펴보면 믿음이 없기 때문에가 29.8%로 가장 많았고, 그 다음으로 얽매이는 게 싫어서(22.9%), 성직자나 성도(교인, 신자)에 대한 실망(17.3%), 바빠서(14.9%) 그리고 교리에 대한 실망(8.9%) 순으로 많았다. 기타 응답으로는 종교를 갖기엔 자신이 너무 이성적이다, 눈에 안 보이는 건 안 믿는다, 종파에 얽매일 것 없이 삶에서 깨달음을 얻는 것이 가능하다, 신은 종교를 만들지 않았다 등도 있었다.

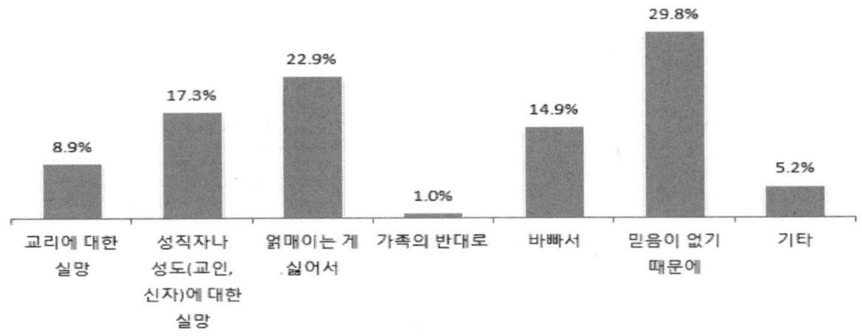

[그림 II-4] 현재 종교생활을 하지 않는 이유(복수 선택)

5) 종교의 가장 중요한 역할

종교의 가장 중요한 역할에 대한 응답을 살펴보면 내적인 평안이 44.7%로 가장 많고, 그 다음으로 예배나 의례(24.3%), 사회적 연대(13.7%), 기타(8.4%) 그리고 봉사(5.6%) 순으로 많다. 기타 응답으로는 내적 연대, 사회적 안전망, 신과의 관계 등이 있다.

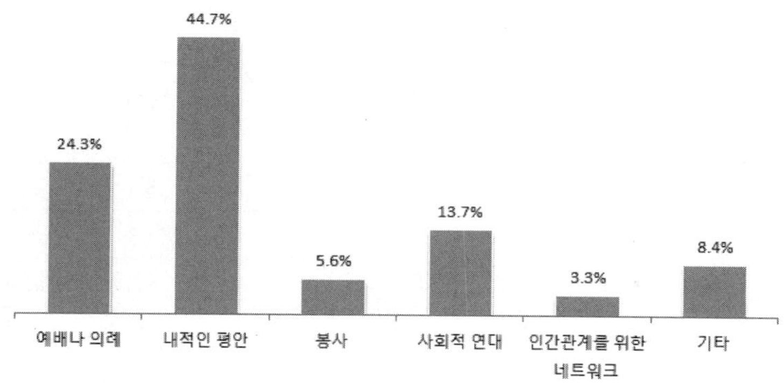

[그림 II-5] 종교의 가장 중요한 역할

연령에 따른 종교의 가장 중요한 역할 간의 교차분석 결과에 따르면 19세 이하는 다른 연령에 비하여 예배나 의례 응답이 많고, 20~24세는 봉사와 인간관계를 위한 네트워크가 상대적으로 많다. 그리고 30~34세는 다른 연령에 비하여 사회적 연대, 35~39세는 내적인 평안이 상대적으로 많음을 알 수가 있다.

직업에 따른 종교의 가장 중요한 역할 간의 교차분석 결과에서는 학생은 예배나 의례, 봉사 그리고 사회적 연대가 다른 직업에 비하여 상대적으로 많고 취업준비생과 회사원(공무원)은 다른 직업에 비하여 내적인 평안이 많다. 그리고 예술종사자는 예배나 의례, 활동가(NGO단체 등)는 상대적으로 사회적 연대, 자영업자(학원 및 개인사업)는 예배나 의례, 내적인 평안 그리고 봉사가 상대적으로 많다.

〈표 II-5〉 종교의 가장 중요한 역할

구분		빈도(회차)	예배나의례	내적인 평안	봉사	사회적연대	인간관계를 위한 네트워크	기타
연령	19세 이하	38	28.9	44.7	5.3	15.8	5.3	
	20~24세	421	26.1	41.8	9.3	14.5	4.3	4.0
	25~29세	367	22.1	45.0	5.4	14.2	3.3	10.1
	30~34세	248	23.8	44.4	2.0	16.1	1.2	12.5
	35~39세	134	20.9	47.8	4.5	9.7	3.0	14.2
	40세 이상	103	28.2	52.4	1.9	7.8	3.9	5.8
직업	학생	449	26.7	38.8	8.7	16.5	4.0	5.3
	입시(편입)준비	28	21.4	39.3	14.3	17.9	7.1	
	취업준비	122	18.0	54.1	5.7	10.7		11.5
	회사원(공무원)	344	22.4	52.0	3.2	9.9	3.5	9.0
	예술 종사자	63	28.6	39.7	3.2	14.3		14.3
	활동가(NGO단체 등)	56	23.2	33.9		25.0	5.4	12.5
	자영업(학원 및 개인사업)	110	26.4	48.2	8.2	11.8	1.8	3.6
	기타	90	24.4	38.9	2.2	12.2	3.3	18.9

(단위: %)

6) 종교가 우리 사회에 미치는 영향

종교가 우리 사회에 미치는 영향에 대한 응답을 살펴보면 '많이'
가 42.2%로 가장 많고, 그 다음으로 '보통'(24.6%), '아주 많
이'(23.8%) 그리고 '조금'(7.6%) 순으로 많다. 즉, 66.0%(아주 많이,
많이 응답 포함)가 우리 사회에 영향을 많이 미친다고 응답하고 있다.

연령에 따른 종교가 우리 사회에 미치는 영향 간의 교차분석을
실시한 결과에 따르면 35세 이상은 다른 연령에 비하여 아주 많이
영향을 미친다는 응답이 많았고, 19세 이하와 30~34세는 많이 영
향을 미친다는 응답이 상대적으로 많았다. 그리고 20~29세는 다
른 연령에 비하여 보통이라는 응답이 상대적으로 많았다.

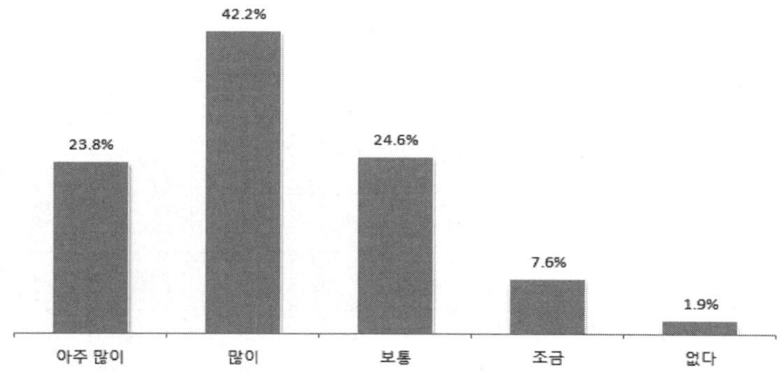

[그림 II-6] 종교가 우리 사회에 미치는 영향

지역에 따른 종교가 우리 사회에 미치는 영향 간의 교차분석을
실시한 결과에 따르면 서울, 경기권은 다른 지역에 비하여 아주 많

이 영향을 미친다는 응답이 많았다. 그리고 충청도와 경상도는 다른 지역에 비하여 많이 영향을 미친다는 응답이 많았고, 전라도는 보통과 조금이라는 응답이 상대적으로 많았다.

〈표 II-6〉 종교가 우리 사회에 미치는 영향

	구분	빈도	아주 많이	많이	보통	조금	없다
연령	19세 이하	39	15.4	59.0	17.9	5.1	2.6
	20~24세	425	18.8	43.1	28.2	8.0	1.9
	25~29세	367	25.1	39.5	27.0	6.5	1.9
	30~34세	252	23.0	49.2	18.3	7.5	2.0
	35~39세	133	32.3	36.1	20.3	8.3	3.0
	40세 이상	102	34.3	31.4	24.5	9.8	
지역	서울, 경기권	840	27.3	43.2	21.9	6.2	1.4
	강원도	18	22.2	27.8	33.3	16.7	
	충청도	153	21.6	45.8	24.2	6.5	2.0
	경상도	149	20.8	39.6	29.5	8.7	1.3
	전라도	138	8.7	37.7	35.5	12.3	5.8
	제주도	7	28.6	57.1	14.3		

7) 종교의 영향이 있는 사회의 부분

우리나라에서 사회의 어느 부분에서 종교의 영향이 있는지에 대한 질문에 대하여 '문화'가 24.3%로 가장 많았고, 그 다음으로

'봉사'(18.2%), '사회통합'(16.5%) 그리고 '정치'(15.3%) 순으로 많았다. 기타 응답에서 '모든 부문에서 영향이 있다'와 '없다'는 의견이 많았다.

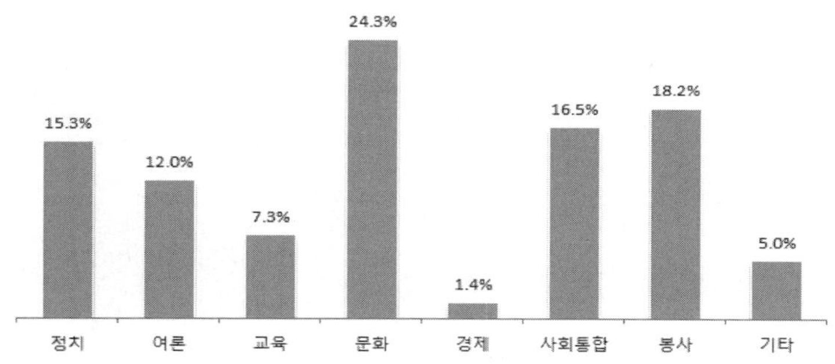

[그림 Ⅱ-7] 종교의 영향이 있는 사회의 부분(복수 선택)

8) 개인적으로 가장 선호하는 종교

개인적으로 가장 선호하는 종교에 대한 질문에 대하여 기독교(개신교)가 58.5%로 가장 많았고, 그 다음으로 기독교(가톨릭)(15.3%), 불교(13.8%) 그리고 기타(8.0%) 순으로 많았다. 기타응답의 대부분은 '없다'이다. 전체 응답자의 86.7%가 현재 종교가 기독교(개신교)인데, 개신교를 선호한다는 응답률이 58.5%임을 보면 선호하는 종교가 현재 종교가 아님을 알 수가 있다.

연령에 따른 개인적으로 가장 선호하는 종교 간의 교차분석을 실시한 결과에 따르면 19세 이하와 30세 이상은 다른 연령대에 비하여 기독교(개신교)를 많이 선호하는 것으로 확인되었고 25~29

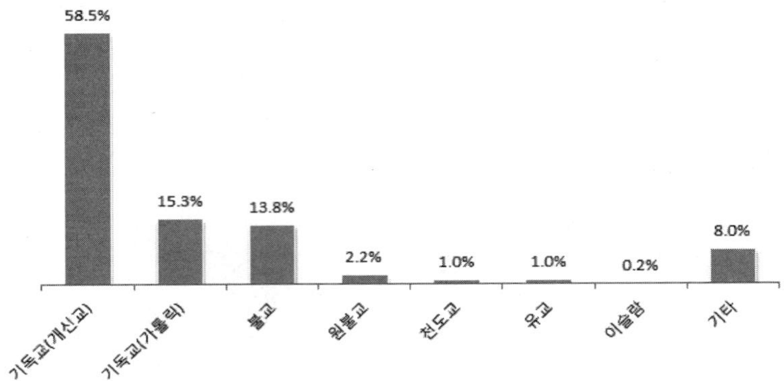

[그림 Ⅱ-8] 개인적으로 가장 선호하는 종교

세는 기독교(가톨릭)를 상대적으로 많이 선호하고, 20~24세는 불교를, 35~39세는 다른 연령대에 비하여 유교를 많이 선호함을 알수 있다.

지역에 따른 개인적으로 가장 선호하는 종교 간의 교차분석을 실시한 결과에 따르면 서울, 경기권과 경상도는 기독교(개신교)를 다른 지역에 비하여 많이 선호하며, 충청도와 전라도는 불교를 상대적으로 많이 선호하였다. 그리고 서울, 경기권은 다른 지역에 비하여 원불교를 많이 선호함을 알 수 있다.

<표 II-8> 개인적으로 가장 선호하는 종교

구분		빈도	기독교 (개신교)	기독교 (가톨릭)	불교	원불교	천도교	유교	이슬람	기타
연령	19세 이하	39	71.8	5.1	12.8	2.6				7.7
	20~24세	422	55.2	14.0	16.4	1.7	1.2	0.9	0.5	10.2
	25~29세	363	54.8	19.8	12.4	1.9	0.8	0.8	0.3	9.1
	30~34세	248	62.5	15.7	12.9	2.4	1.2	0.4		4.8
	35~39세	134	60.4	11.9	11.2	2.2	1.5	3.7		9.0
	40세 이상	101	68.3	10.9	13.9	5.0				2.0
지역	서울, 경기권	830	63.9	14.9	8.8	2.5	0.8	1.1	0.2	7.7
	강원도	18	55.6	11.1	11.1		11.1			11.1
	충청도	152	37.5	19.7	25.7	2.0	0.7		0.7	13.8
	경상도	150	66.0	10.7	17.3	1.3		1.3		3.3
	전라도	137	44.5	16.8	26.3	2.2	2.2	1.5		6.6
	제주도	7	14.3	28.6	28.6					28.6

9) 선호하는 이유

앞서 조사한 개인적으로 가장 선호하는 종교에 대한 선호하는 이유에 대하여 말씀(성경, 불경 등)이 좋아서가 30.5%로 가장 많았고, 그 다음으로 교리(creed)에 동의하므로(24.9%), 예배(또는 의례)의 형식이나 분위기가 좋아서(21.4%) 그리고 존경하는 성직자가 있어서(6.9%) 순으로 많았다.

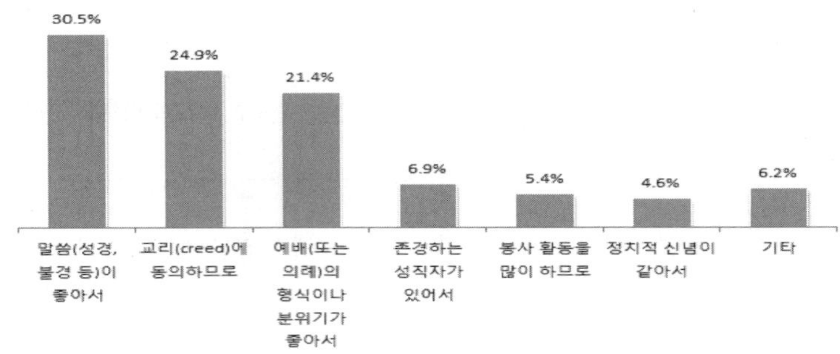

[그림 Ⅱ-9] 선호하는 이유(복수 선택)

10) 현재 교회 출석 여부

현재 교회에 출석하는 지에 대하여 살펴보면 출석하고 있음이 55.3%이며, 기독교인이지만 출석하지 않는 경우가 12.0% 그리고 무교, 타종교인 경우는 32.7%로 확인되었다.

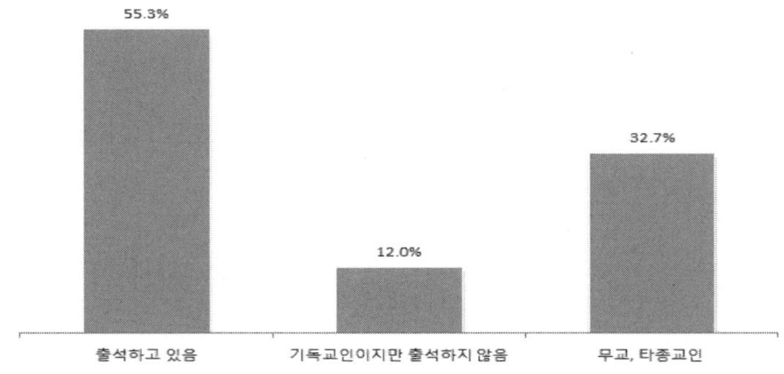

[그림 Ⅱ-10] 현재 교회 출석 여부

2. 현재 교회 출석자 현황

1) 신앙생활 기간

현재 교회 출석하고 있는 응답자의 신앙생활 기간을 살펴보면 10년 이상이 86.0%로 가장 많았고, 그 다음으로 5년 이상~10년 미만(8.0%), 1년 이상~5년 미만(5.2%) 순으로 많았다. 응답한 청년들의 상당수가 최소한 청소년기부터 신앙생활을 하고 있음을 알 수가 있다.

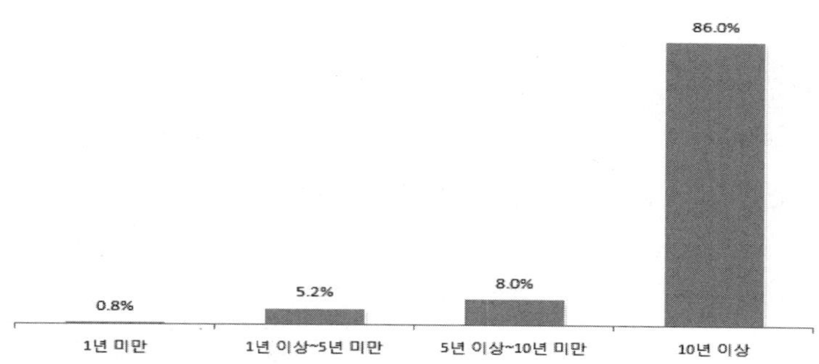

[그림 II-11] 신앙생활 기간

2) 교회 옮긴 경험

신앙생활 기간 교회를 옮긴 경험을 살펴보면 없다가 27.2%로 가장 많았고, 그 다음으로 1번(24.1%), 4번 이상(16.6%) 그리고 2번(16.1%) 순으로 많았다.

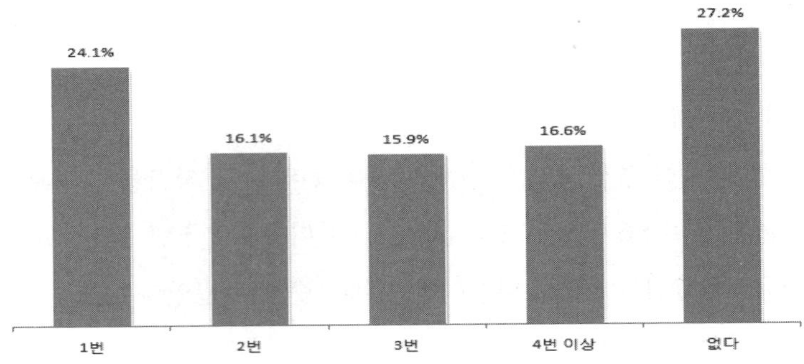

[그림 II-12] 교회 옮긴 경험

3) 교회 옮긴 이유

교회를 옮긴 이유를 살펴보면 이사 혹은 직장, 입학 등 지역을 이동했다가 59.4%로 가장 많았고, 그 다음으로 교회 내 갈등/분란이 있었다(11.2%), 기타(11.2%) 그리고 교회(목회자 및 성도 포함)와 사회, 정치적 견해가 달라 힘들었다(10.8%) 순으로 많았다.

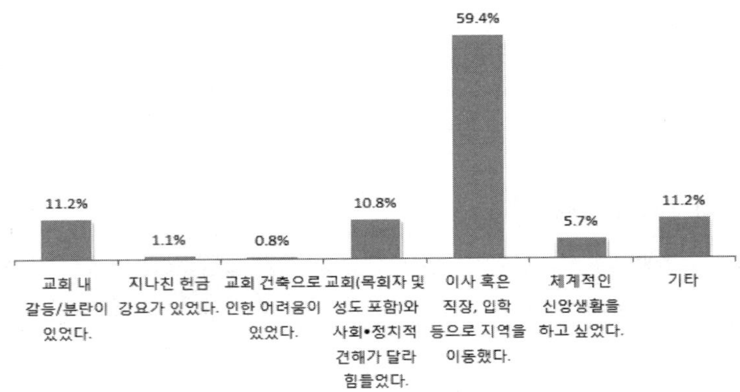

[그림 II-13] 교회 옮긴 이유

4) 현재 교회에서 하고 있는 활동

현재 교회에서 하고 있는 활동을 살펴보면 교회학교 교사가 18.4%로 가장 많았고, 그 다음으로 청년회 활동(17.9%), 주일 예배만 참석(16.8%), 찬양팀(찬양단)(12.1%) 그리고 성가대(8.5%) 순이었다.

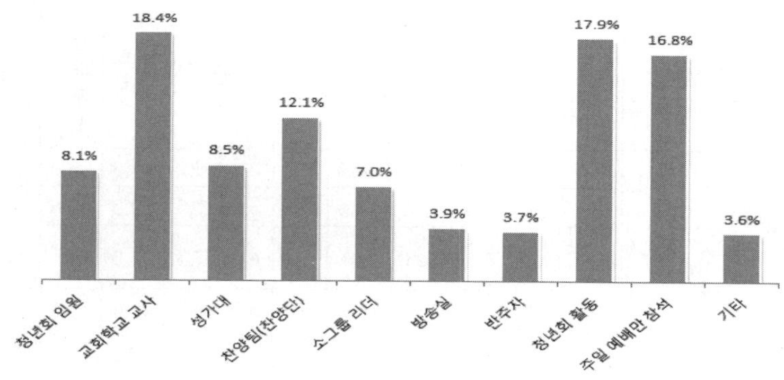

[그림 II-14] 현재 교회에서 하고 있는 활동(복수 선택)

성별에 따른 분포에 있어서 현재 교회에서 하고 있는 활동 간의 차이를 알아보기 위하여 교차분석을 실시하였다. 남성은 여성에 비하여 찬양팀(찬양단), 소그룹리더, 방송실, 청년회 활동 등이 상대적으로 많았고, 여성은 남성에 비하여 교회학교 교사, 성가대 및 반주자 활동이 많았다. 연령에 따른 교차분석 결과는 20~24세는 다른 연령에 비하여 청년회 임원, 교회학교교사, 반주자 활동이 많았고, 25~29세는 청년회 임원, 찬양팀(찬양단), 청년회 활동이 상대

적으로 많았다. 그리고 35~39세는 다른 연령에 비하여 주일 예배
만 참석이 많았고, 40세 이상은 교회학교교사, 성가대, 소그룹 리
더 활동이 상대적으로 많았다.

〈표 II-14〉 현재 교회에서 하고 있는 활동(복수 선택)

구분		빈도	청년회 임원	교회 학교 교사	성가대	찬양팀 (찬양단)	소그룹 리더	방송실	반주자	청년회 활동	주일 예배만 참석	기타
성별	여성	232	8.0	19.9	10.6	10.7	6.1	2.4	6.1	16.5	16.8	2.9
	남성	282	7.9	17.8	6.7	13.4	8.0	5.2	1.5	19.0	16.8	3.7
	그 외, 밝히고 싶지 않음	13	12.2	7.3	9.8	9.8	2.4	4.9	7.3	22.0	14.6	9.8
연령	19세 이하	19	5.9	17.6	13.7	7.8	2.0	3.9	0.0	21.6	23.5	3.9
	20~24세	132	9.8	21.6	3.4	12.5	5.6	4.4	5.1	19.1	16.7	1.7
	25~29세	150	9.1	15.4	8.2	13.1	7.8	4.5	3.6	20.9	13.1	4.2
	30~34세	118	7.6	17.1	11.3	12.4	5.8	2.5	3.6	17.1	18.2	4.4
	35~39세	57	4.4	19.5	10.6	12.4	7.1	2.7	3.5	15.0	22.1	2.7
	40세 이상	53	3.1	21.4	18.4	6.1	14.3	5.1	1.0	3.1	20.4	7.1

5) 교회 목회자의 설교 유형

교회 목회자의 설교 유형에 대하여 교리 중심 설교가 43.9%로
가장 많았고, 그 다음으로 상황 중심 설교(36.0%), 인문, 철학적 설
교(12.8%) 순이다. 기타 응답으로는 하나님과의 관계 중심, 말씀
중심 등의 내용도 있지만, 설교의 중심이 없다, 극동방송(CTS방송)
베끼기를 한다는 소수의 의견도 있었다.

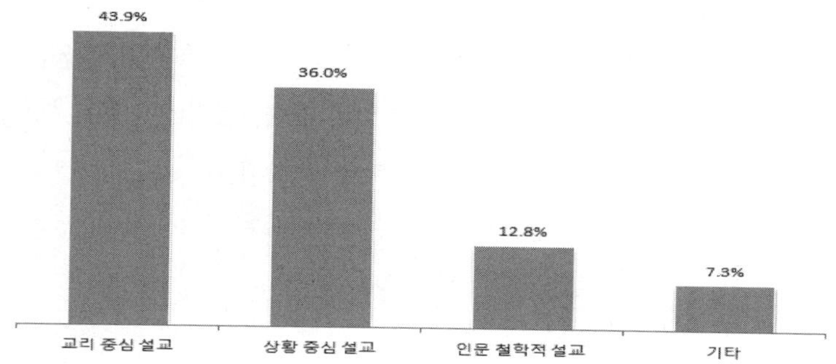

[그림 II-15] 교회 목회자의 설교 유형

6) 교회 목회자의 설교 시 강조점

교회 목회자의 설교 시 강조점에 대하여 개인구원 강조가 51.3%로 가장 많았고, 그 다음으로 사회참여 강조(34.4%) 그리고 기타(14.3%) 순이었다. 기타 응답에는 둘 다 강조한다와 균형적으로 한다는 내용이 많았고, 교회에 대한 순종을 강조한다는 의견도 있었다.

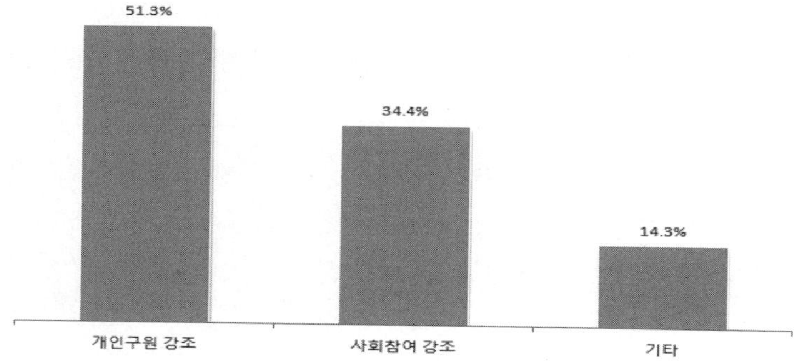

[그림 II-16] 교회 목회자의 설교 시 강조점

7) 교회 소그룹 혹은 성도와 나누는 대화의 주제

교회 소그룹 혹은 성도와 나누는 대화의 주제를 살펴보면 삶, 고민이 57.7%로 가장 많았고, 그 다음으로 신앙, 성경(25.1%), 사회, 정치(6.2%) 그리고 기타(5.6%) 순으로 많았다.

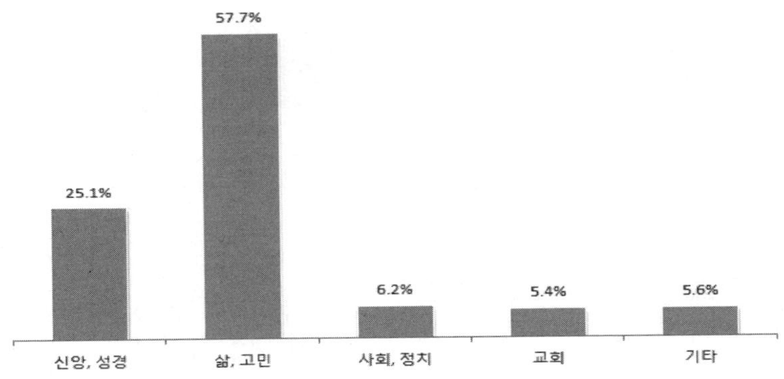

[그림 II-17] 교회 소그룹 혹은 성도와 나누는 대화의 주제(복수 선택)

연령에 따른 분포에 있어서 교회 소그룹 혹은 성도와 나누는 대화의 주제 간의 차이를 알아보기 위한 교차분석을 실시하였다. 24세 이하는 다른 연령에 비하여 삶, 고민에 관한 대화 주제가 많았고, 35~39세는 사회, 정치에 관한 주제가 상대적으로 많았다. 그리고 40세 이상은 신앙, 성경 그리고 교회에 관한 주제가 상대적으로 많았다.

<표 Ⅱ-17> 교회 소그룹 혹은 성도와 나누는 대화의 주제(복수 선택)

구분		빈도	신앙, 성경	삶, 고민	사회, 정치	교회	기타
연령	19세 이하	19	15.4	61.5	3.8	19.2	0.0
	20~24세	132	25.5	61.8	4.4	3.9	4.4
	25~29세	150	24.8	56.5	7.0	4.2	7.5
	30~34세	118	20.9	62.1	5.9	4.6	6.5
	35~39세	57	26.0	54.8	9.6	4.1	5.5
	40세 이상	53	37.3	40.3	7.5	11.9	3.0

8) 예배나 모임에서 사회, 정치적인 대화

예배나 모임에서 사회, 정치적인 대화를 어느 정도 하는지에 대하여 보통이 38.3%로 가장 많았고, 그 다음으로 조금(32.4%), 없다(12.3%) 그리고 많이(12.2%) 순으로 많았다.

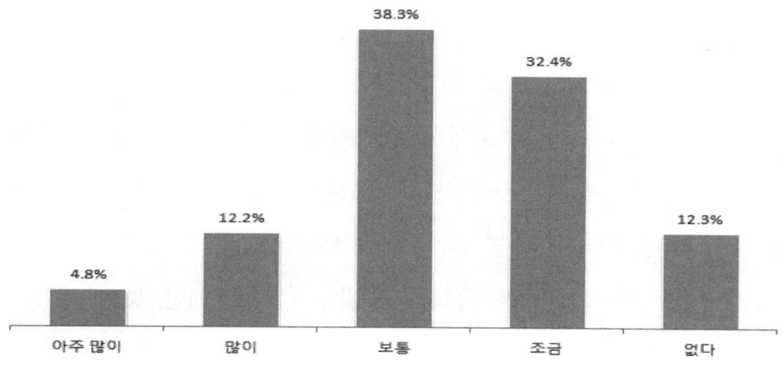

[그림 Ⅱ-18] 예배나 모임에서 사회, 정치적인 대화

연령에 따른 예배나 모임에서 사회, 정치적인 대화 간의 교차 분석을 실시한 결과에 따르면 25~29세, 30~34세는 다른 연령에 비하여 아주 많이 라는 응답이 많았고, 19세 이하는 조금 이라는 응답이 상대적으로 많았다. 그리고 40세 이상은 상대적으로 없다는 응답이 많았다.

〈표 II-18〉 예배나 모임에서 사회, 정치적인 대화

	구분	빈도	아주 많이	많이	보통	조금	없다
연령	19세 이하	25	4.0	20.0	32.0	40.0	4.0
	20~24세	203	2.5	13.8	39.4	33.0	11.3
	25~29세	202	7.4	13.4	36.6	31.7	10.9
	30~34세	155	6.5	8.4	40.0	31.6	13.5
	35~39세	75	2.7	12.0	40.0	30.7	14.7
	40세 이상	69	2.9	10.1	36.2	33.3	17.4

9) 현재 출석하고 있는 교회의 문제점

현재 출석하고 있는 교회의 문제점에 대하여 예배, 설교 분위기와 비민주적인 의사구조가 각각 19.6%로 가장 많았고, 그 다음으로 발전적이지 않는 목회자(18.5%), 재정, 특정한 항목 중심의 지출(11.5%), 차별/혐오적인 발언(여성, 장애인, 성소수자 등) 순으로 많았다.

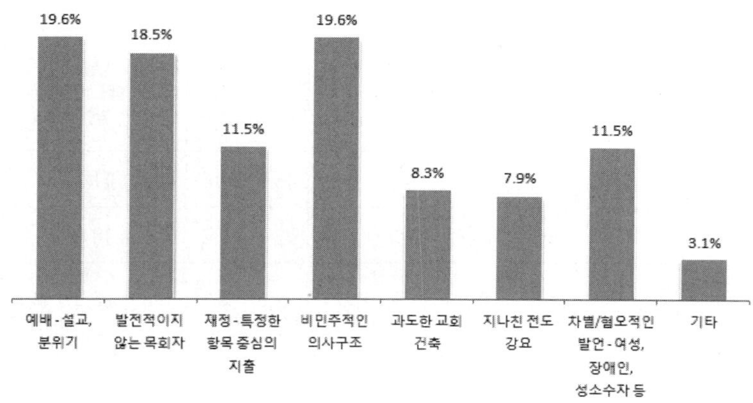

[그림 II-19] 현재 출석하고 있는 교회의 문제점(복수 선택)

성별에 따른 분포에 있어서 현재 출석하고 있는 교회의 문제점 간의 차이를 알아보기 위하여 교차분석을 실시하였다. 남성은 여성에 비하여 비민주적 의사구조, 과도한 교회 건축에 대한 문제점이 많았고, 여성은 남성에 비하여 예배(설교, 분위기)와 차별/혐오적인 발언에 대한 문제점이 상대적으로 많았다.

연령에 따른 교차분석에서는 19세 이하는 다른 연령에 비하여 예배(설교, 분위기)에 대한 문제점이 많았고, 20~24세는 과도한 교회건축, 지나친 전도 강요에 대한 문제점이 많았다. 그리고 25~29세는 재정(특정한 항목 중심의 지출), 차별/혐오적인 발언(여성, 장애인, 성소수자 등)에 대한 문제점이 상대적으로 많았고, 30~34세는 발전적이지 않는 목회자 문제점이 많았다.

〈표 II-19〉 현재 출석하고 있는 교회의 문제점(복수 선택)

구분		빈도	예배-설교, 분위기	발전적이지 않은 목회자	재정-특정한 항목 중심의 지출	비민주적 의사구조	과도한 교회 건축	지나친 전도 강요	차별/혐오적인 발언	기타
성별	여성	278	21.2	18.7	11.5	16.9	7.6	8.3	11.2	4.7
	남성	368	18.5	19.0	11.1	22.3	9.2	7.9	10.6	1.4
	그 외, 밝히고 싶지 않음	26	19.2	7.7	15.4	11.5	3.8	3.8	26.9	11.5
연령	19세 이하	25	32.0	4.0	20.0	4.0	12.0	8.0	16.0	4.0
	20~24세	186	22.6	17.7	9.7	15.1	10.2	11.8	10.8	2.2
	25~29세	190	17.4	17.9	15.3	18.4	6.3	6.8	14.2	3.7
	30~34세	146	15.8	22.6	9.6	24.7	8.9	4.8	11.6	2.1
	35~39세	55	18.2	14.5	10.9	23.6	10.9	5.5	9.1	7.3
	40세 이상	70	22.9	21.4	7.1	27.1	4.3	8.6	5.7	2.9

10) 이상적인 교회의 모습

응답자가 생각하는 이상적인 교회의 모습에 대하여 작지만 건강한 교회가 47.9%로 가장 많았고, 그 다음으로 예배 분위기가 좋은 교회(17.6%), 민주적인 의사소통이 가능한 교회(17.2%) 그리고 정치 및 사회 참여를 하는 교회(6.0%) 순으로 많았다.

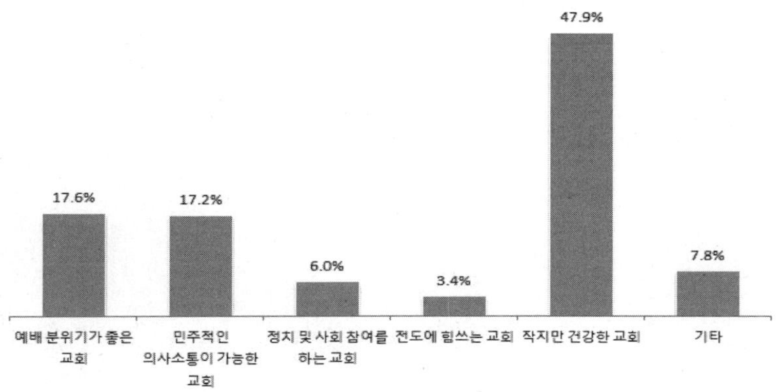

[그림 II-20] 이상적인 교회의 모습

3. 기독교인이지만 교회 출석하지 않는 자 현황

1) 현재 교회 다니지 않는 이유

기독교인이지만 교회를 출석하지 않는 이유에 대하여 얽매이기 싫어서가 29.9%로 가장 많았고, 그 다음으로 시간이 없어서(27.4%), 기타(14.6%) 그리고 목회자에 대한 불신(13.4%) 순으로 많았다. 기타 응답에는 한국교회가 더 이상 본래 교회의 기능을 담당하지 못하므로와 예수 없이 조직만 남은 교회에 실망해서 등과 같이 교회에 대한 실망감을 드러내는 응답이 다수였고, 얽매이기 싫어서와 연관되는 쉼이 필요해서라는 응답도 있었다.

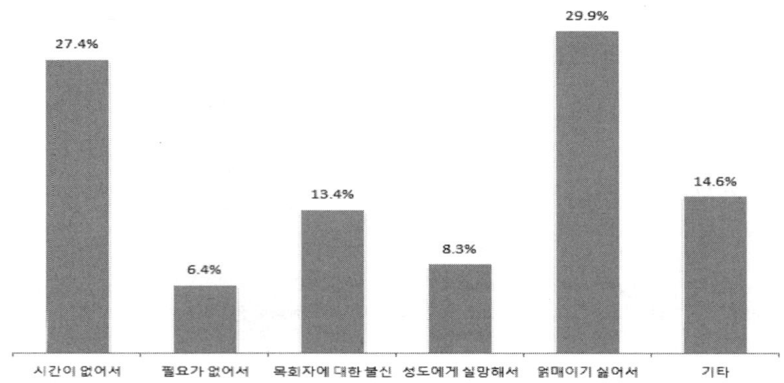

[그림 Ⅱ-21] 현재 교회 다니지 않는 이유

기독교인이지만 교회를 출석하지 않는 이유에 대하여 세부집단별로 살펴보면 연령과 직업에 따라 차이가 있는 것으로 확인되었다.

연령에 따른 분포에 있어서 기독교인이지만 교회를 출석하지 않는 이유 간의 차이를 알아보기 위하여 교차분석을 실시하였다. 20~24세는 다른 연령에 비하여 시간이 없어서가 많았고, 25~34세는 목회자에 대한 불신, 얽매이기 싫어서라는 응답이 많았다. 직업에 따른 교차분석 결과는 학생은 다른 직업에 비하여 시간이 없어서가 많았고, 회사원(공무원)은 목회자에 대한 불신과 얽매이기 싫어서가 많았다.

<표 II-21> 현재 교회 다니지 않는 이유

구분		빈도	시간이 없어서	필요가 없어서	목회자에 대한 불신	성도에게 실망해서	얽매이기 싫어서	기타
연령	19세 이하	2	50.0					50.0
	20~24세	51	45.1	7.8	2.0	9.8	21.6	13.7
	25~29세	43	11.6	2.3	18.6	11.6	41.9	14.0
	30~34세	33	27.3	3.0	18.2		42.4	9.1
	35~39세	19	21.1	15.8	10.5	10.5	10.5	31.6
	40세 이상	8	12.5	12.5	50.0	12.5	12.5	
직업	학생	48	43.8	4.2	6.3	6.3	20.8	18.8
	입시(편입) 준비	2	50.0			50.0		
	취업준비	11	9.1		18.2	27.3	45.5	
	회사원 (공무원)	48	12.5	6.3	20.8	4.2	45.8	10.4
	예술 종사자	7	42.9		14.3		42.9	
	활동가(NGO 단체 등)	9	11.1		33.3	11.1	22.2	22.2
	자영업(학원 및 개인사업)	18	38.9	5.6	11.1	16.7	16.7	11.1
	기타	8	12.5	25.0			25.0	37.5

2) 교회를 출석하지 않은 대신, 신앙생활 방법

교회를 출석하지 않은 대신, 신앙생활을 어떻게 하는지에 대하여 혼자서 성경과 신앙서적을 활용한다가 38.1%로 가장 많았고, 그 다음으로 기타(33.1%), 자유로운 신앙모임에 참여한다(17.3%),

인터넷이나 TV, 라디오 등을 이용하여 주일 예배를 드린다(4.3%), 한 곳에 등록하지 않고 매주 다른 교회에서 예배를 드린다(4.3%) 순으로 많았다. 기타 응답의 대부분은 안하고 있음이고, 유사종교인 퀘이커교를 간다와 마음으로 하고 있다는 응답도 있었다.

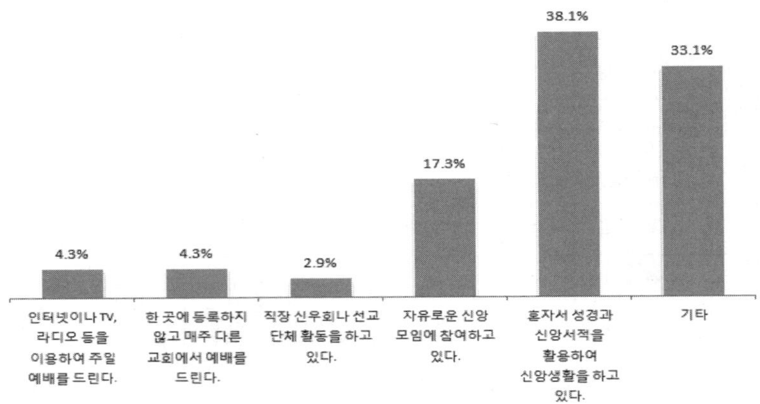

[그림 II-22] 교회를 출석하지 않은 대신, 신앙생활 방법

3) 교회를 떠나게 되었을 때 다니던 교회의 모습

교회를 떠나게 되었을 때 다니던 교회의 모습에 대하여 개인의 사정으로 떠나게 되었다가 49.4%로 가장 많았고, 그 다음으로 교인들의 신앙고백과 삶의 괴리가 컸다(18.6%), 담임 목회자가 독단적이고 권위적이었다(9.9%), 교회 내 갈등/분란이 있었다(7.0%), 지나친 헌금 강요가 있었다(7.0%) 순으로 많았다. 기타 응답으로는 한국교회가 성경적이지 않다, 신념으로 인한 제명 등이 있었다.

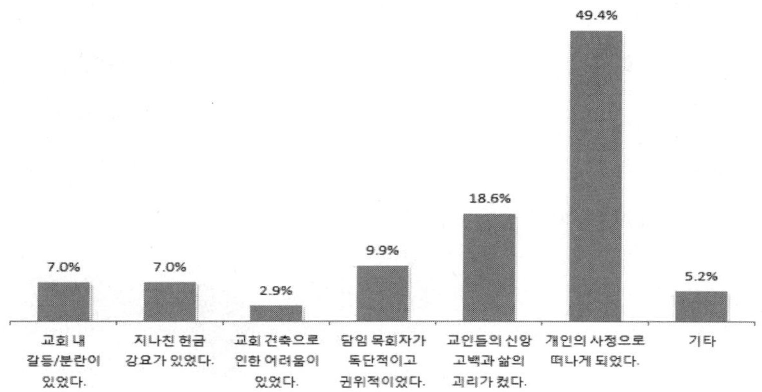

[그림 II-23] 교회를 떠나게 되었을 때 다니던 교회의 모습

4) 한국 사회에서 교회가 해야 할 역할

한국 사회에서 교회가 해야 할 역할에 대하여 심적인 안정(위로)이 31.8%로 가장 많았고, 그 다음으로 사회참여 활동(26.8%), 단순한 종교적 기능(예배)(22.3%) 그리고 봉사(구제)(12.7%) 순으로 많았다.

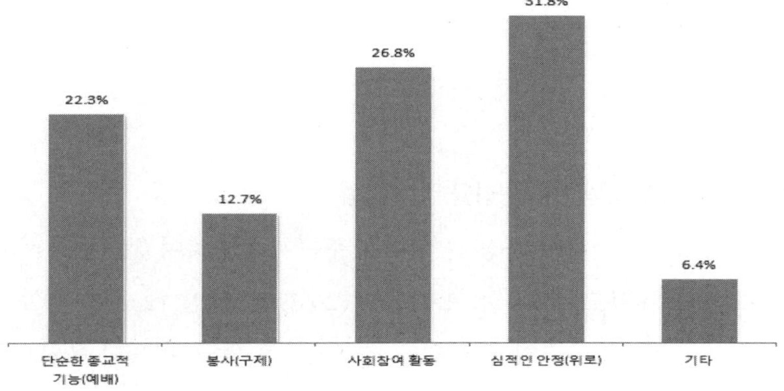

[그림 II-24] 한국 사회에서 교회가 해야 할 역할

5) 다시 교회를 다닌다면 어떤 교회 선호

다시 교회를 다닌다면 어떤 교회를 선호하는지에 대하여 작지만 건강한 교회가 43.0%로 가장 많았고, 그 다음으로 예배 분위기가 좋은 교회(24.1%), 민주적인 의사소통이 가능한 교회(15.8%), 정치 및 사회 참여를 하는 교회(9.5%) 순으로 많았다.

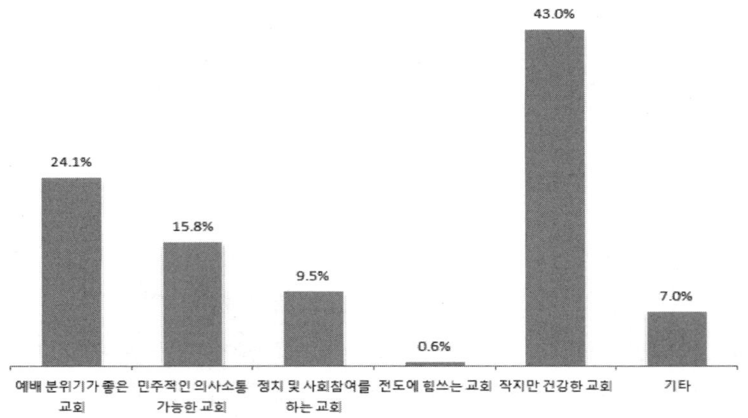

[그림 II-25] 다시 교회를 다닌다면 어떤 교회 선호

4. 공통 질문

1) 청년들의 생활에 영향을 주는 사항

청년들의 생활에 가장 큰 영향을 주는지에 대하여 돈이 30.0%로 가장 많았고, 그 다음으로 친구(20.8%), 모임(12.0%), 부모(9.9%) 그리고 유명인, 연예인(9.0%) 순으로 많았다. 기타 응답으로는 사회자체, SNS 등이 있다.

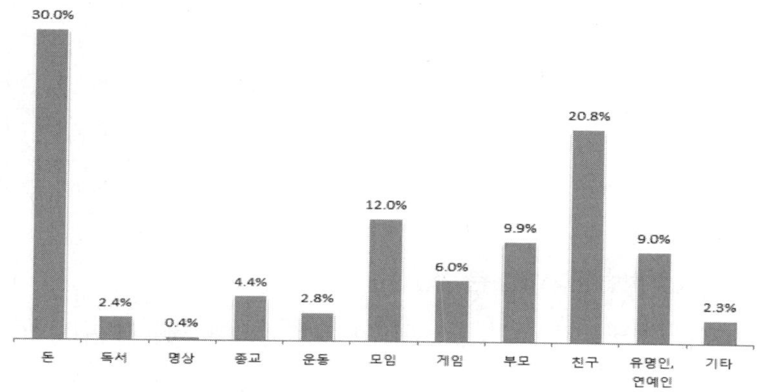

[그림 Ⅱ-26] 청년들의 생활에 영향을 주는 사항(복수 선택)

연령에 따른 청년들의 생활에 가장 큰 영향을 주는 사항 간의 교차분석을 실시한 결과에 따르면 19세 이하는 다른 연령에 비하여 친구 응답이 많았고, 20~24세는 부모, 친구 응답이 많았다. 그리고 25~29세는 독서, 운동, 부모 응답이 많았고, 30~34세는 모임, 유명인/연예인 응답이 상대적으로 많았다. 35~39세는 돈, 유명인/연예인 응답이 많았고, 40세 이상은 종교, 게임, 유명인/연예인 응답이 상대적으로 많았다.

〈표 Ⅱ-26〉 청년들의 생활에 영향을 주는 사항(복수 선택)

구분	빈도	돈	독서	명상	종교	운동	모임	게임	부모	친구	유명인, 연예인	기타
19세 이하	104	30.8	2.9	1.0	5.8	3.8	7.7	6.7	8.7	22.1	8.7	1.9
20~24세	1,236	30.6	2.1	0.0	4.5	2.7	11.0	5.1	11.5	23.0	7.9	1.6

25~29세	1,078	29.3	3.1	0.5	4.5	3.7	12.7	5.5	10.3	19.7	8.3	2.5
30~34세	680	28.8	2.2	0.4	3.8	2.4	13.5	6.5	8.4	20.0	10.6	3.4
35~39세	351	31.9	2.0	0.6	3.7	1.7	12.3	7.1	8.8	19.4	10.8	1.7
40세 이상	259	30.9	1.5	0.8	5.4	1.9	11.6	10.0	6.9	18.5	10.0	2.3

2) 요즘 청년들의 가장 큰 고민

요즘 청년들의 가장 큰 고민이 무엇인지에 대하여 취업이 53.7%로 가장 많았고, 그 다음으로 돈(생계)(22.1%), 진로(15.7%) 그리고 결혼 및 연애(5.6%) 순이었다. 기타 응답에서는 전부와 삶 자체이다라는 의견이 대부분이었다.

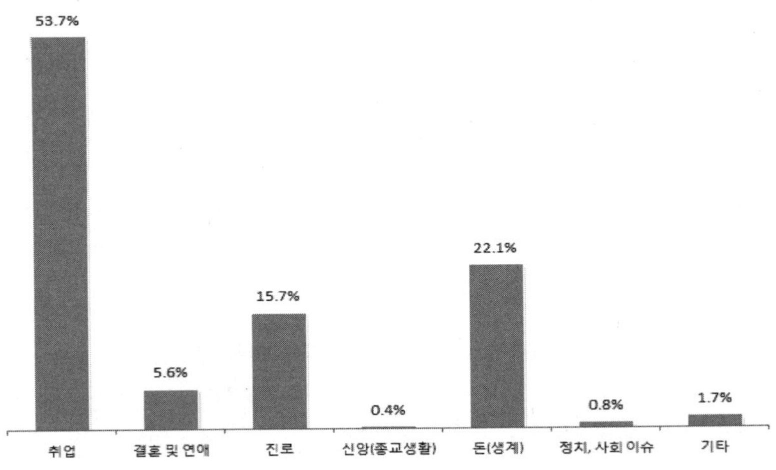

[그림 II-27] 요즘 청년들의 가장 큰 고민

3) 종교가 청년들의 삶, 특히 고민해결에 미치는 영향력

종교가 청년들의 삶, 특히 고민해결에 영향력이 있는지에 대하여 보통이 30.9%로 가장 많았고, 그 다음으로 조금(23.3%), 많이(21.0%) 그리고 없다(15.5%) 순으로 많았다.

종교가 청년들의 삶, 특히 고민해결에 영향력에 대하여 세부집단별로 살펴보면 성별, 직업에 따라 차이가 확인되었다. 성별에 따른 교차분석을 실시한 결과에 따르면 남성은 여성에 비하여 아주 많이, 조금이라고 응답한 것이 많았고, 여성은 남성에 비하여 많이, 보통 그리고 없다고 응답한 것이 많았다. 직업에 따른 종교가 청년들의 삶, 특히 고민해결에 영향력 간의 교차분석을 실시한 결과에 따르면 학생, 입시(편입)준비생, 취업준비생, 회사원(공무원)은 다른 직업에 비하여 보통 이라는 응답이 많았고, 예술종사자는 없다는 응답이 많았다. 그리고 활동가는 조금이라는 응답이 많았고, 자영업자(학원 및 개인사업)는 아주 많이와 조금이라는 응답이 상대적으로 많았다.

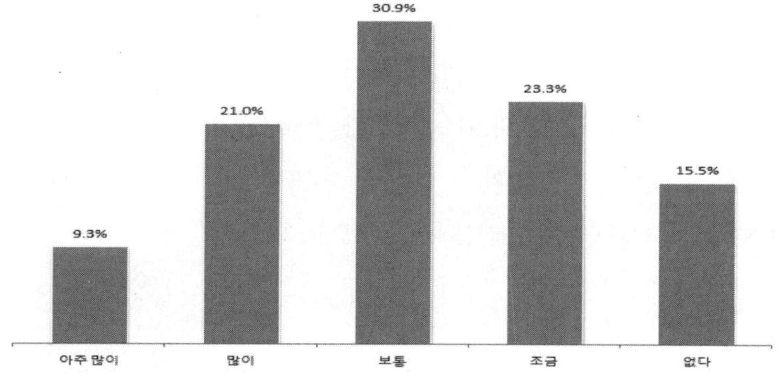

[그림 II-28] 종교가 청년들의 삶, 특히 고민해결에 미치는 영향력

<표 II-28> 종교가 청년들의 삶, 특히 고민해결에 미치는 영향력

구분		빈도	아주 많이	많이	보통	조금	없다
성별	여성	646	8.7	22.9	32.8	19.3	16.3
	남성	624	10.1	20.0	29.2	27.1	13.6
	그 외, 밝히고 싶지 않음	49	8.2	8.2	28.6	28.6	26.5
직업	학생	454	7.7	19.2	37.2	20.3	15.6
	입시(편입) 준비	28	7.1	14.3	42.9	25.0	10.7
	취업준비	122	4.9	25.4	25.4	27.0	17.2
	회사원 (공무원)	349	9.7	22.3	31.5	24.1	12.3
	예술 종사자	62	4.8	19.4	27.4	24.2	24.2
	활동가(NGO단체 등)	55	7.3	27.3	25.5	27.3	12.7
	자영업(학원 및 개인사업)	111	12.6	19.8	24.3	26.1	17.1
	기타	90	22.2	23.3	15.6	20.0	18.9

4) 종교가 청년들의 고민해결에 어떤 도움을 준다고 생각

종교가 청년들의 고민해결에 어떤 도움을 주는지에 대하여 해결은 되지 않지만 마음의 위로를 준다가 56.0%로 가장 많았고, 그 다음으로 잘 될 거라는 확신(정답)을 준다(18.5%), 도움이 되지 않는다(16.2%) 그리고 기타(5.8%) 순으로 많았다.

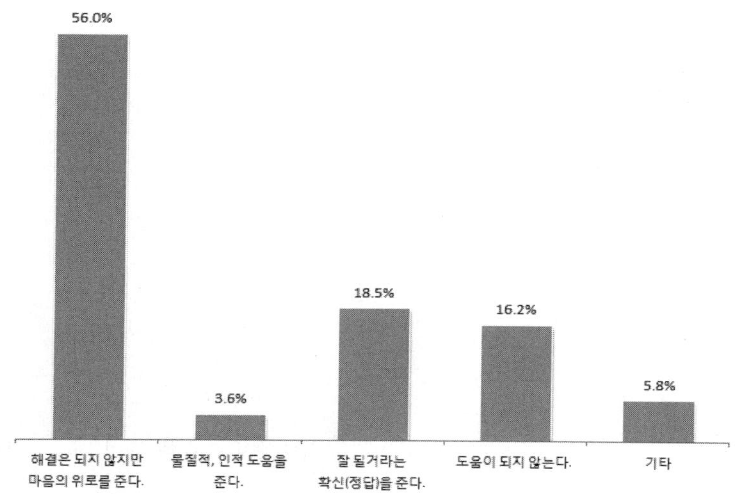

[그림 Ⅱ-29] 종교가 청년들의 고민해결에 어떤 도움을 준다고 생각

5) 사회적으로 가장 시급하게 해결(변화)해야 할 문제

사회적으로 가장 시급하게 해결(변화)해야 할 문제에 대하여 취업이 43.0%로 가장 많았고, 그 다음으로 복지(26.8%), 교육(15.6%) 그리고 결혼 및 출산(8.0%) 순으로 많았다. 기타응답으로는 정치, 주거(부동산 문제)가 다수를 차지하고, 소수자에 대한 인식 변화, 불평등한 사회 등의 응답도 있었다.

사회적으로 가장 시급하게 해결(변화)해야 할 문제에 대하여 세부집단별로 살펴보면 직업, 지역에 따라 차이가 확인되었다.

직업에 따른 교차분석 결과에 따르면 학생과 취업준비생은 다른 직업에 비하여 취업이라는 응답이 많았고, 회사원(공무원)과 자

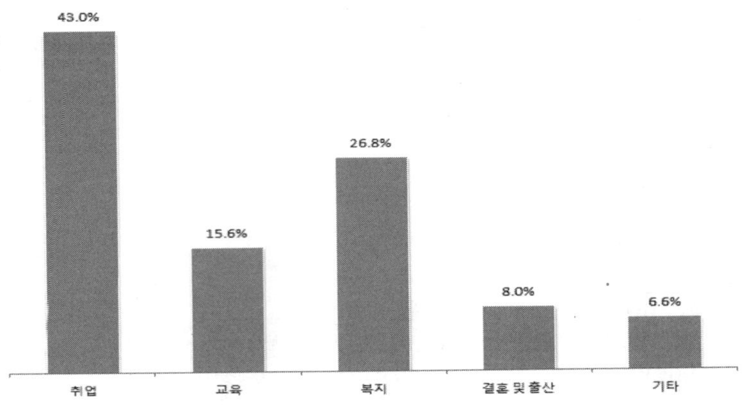

[그림 II-30] 사회적으로 가장 시급하게 해결(변화)해야 할 문제

영업자(학원 및 개인사업)는 결혼 및 출산이라는 응답이 많았다. 그리고 예술종사자와 자영업자(학원 및 개인사업)는 교육이라는 응답이 많았고, 예술종사자와 활동가(NGO단체 등)는 복지라는 응답이 상대적으로 많음을 알 수 있다. 지역에 교차분석 결과는 서울, 경기권은 교육이라는 응답이 많았고, 충청도와 경상도는 복지라는 응답이 많았다. 전라도는 취업이라는 응답이 상대적으로 많았다.

〈표 II-30〉 사회적으로 가장 시급하게 해결(변화)해야 할 문제

구분		빈도	취업	교육	복지	결혼 및 출산	기타
직업	학생	453	45.9	17.2	26.5	6.0	4.4
	입시(편입)준비	28	46.4	21.4	28.6	3.6	
	취업준비	121	52.9	10.7	17.4	9.1	9.9

	회사원(공무원)	347	41.8	14.1	25.4	11.2	7.5
	예술 종사자	63	31.7	19.0	38.1	1.6	9.5
	활동가(NGO단체 등)	56	33.9	8.9	42.9	7.1	7.1
	자영업(학원 및 개인사업)	110	38.2	20.0	23.6	13.6	4.5
	기타	90	28.9	16.7	32.2	7.8	14.4
지역	서울, 경기권	836	42.1	17.1	25.5	7.9	7.4
	강원도	19	47.4	21.1	26.3		5.3
	충청도	155	43.9	14.2	25.8	11.0	5.2
	경상도	150	39.3	11.3	34.7	6.7	8.0
	전라도	139	52.5	9.4	27.3	9.4	1.4
	제주도	7		42.9	42.9		14.3

6) 사회적 문제 해결을 위해서 종교가 해야 할 가장 중요한 역할

사회적 문제 해결을 위해서 종교가 해야 할 가장 중요한 역할로서 사회구조 개혁을 위한 참여를 유도한다가 42.1%로 가장 많았고, 그 다음으로 개인에 대한 위로를 한다(27.4%), 관여하지 않아야 한다(17.8%) 그리고 정책을 제안한다(6.6%) 순으로 많았다. 기타 응답으로는 종교개혁이 먼저 진행되어야 한다, 사회적 신뢰를 얻는 것이 중요하다, 종교가 세금을 낸다면 정치, 경제, 사회의 질이 훨씬 좋아질 것이다 등이 있었다.

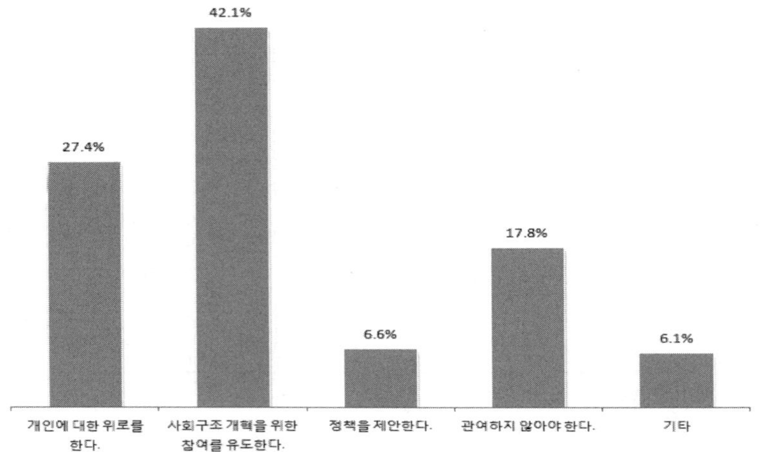

[그림 Ⅱ-31] 사회적 문제 해결을 위해서 종교가 해야 할 가장 중요한 역할

연령에 따른 교차분석을 실시한 결과에 따르면 19세 이하는 다른 연령에 비하여 개인에 대한 위로를 한다는 응답이 많았고, 20~24세는 개인에 대한 위로를 한다, 정책을 제안한다, 관여하지 않는다는 응답이 상대적으로 많았다. 30세 이상은 사회구조 개혁을 위한 참여를 유도한다는 응답이 상대적으로 많았다. 직업에 따른 교차분석을 실시한 결과에 따르면 학생은 다른 직업에 비하여 정책을 제안한다, 관여하지 않는다는 응답이 많았고, 입시(편입)준비생, 예술종사자, 활동가(NGO단체 등), 자영업자(학원 및 개인사업)는 상대적으로 사회구조 개혁을 위한 참여를 유도한다는 의견이 많았다. 그리고 취업준비생과 회사원(공무원)은 상대적으로 개인에 대한 위로를 한다는 의견이 많았다.

〈표 Ⅱ-31〉 사회적 문제 해결을 위해서 종교가 해야 할 가장 중요한 역할

구분		빈도	개인에 대한 위로를 한다	사회구조 개혁을 위한 참여를 유도한다	정책을 제안한다	관여하지 않아야 한다	기타
연령	19세 이하	37	37.8	27.0	5.4	27.0	2.7
	20~24세	421	29.9	36.8	7.8	21.6	3.8
	25~29세	368	28.5	41.8	6.0	15.5	8.2
	30~34세	248	26.6	44.4	4.8	14.9	9.3
	35~39세	134	20.1	52.2	3.0	19.4	5.2
	40세 이상	101	20.8	52.5	11.9	11.9	3.0
직업	학생	449	28.5	39.4	7.3	20.9	3.8
	입시(편입) 준비	28	17.9	60.7	7.1	14.3	
	취업준비	122	31.1	38.5	6.6	14.8	9.0
	회사원(공무원)	346	29.8	36.1	6.9	19.9	7.2
	예술 종사자	63	25.4	49.2	3.2	12.7	9.5
	활동가(NGO단체 등)	56	16.1	55.4	8.9	12.5	7.1
	자영업(학원 및 개인사업)	105	25.7	47.6	4.8	16.2	5.7
	기타	89	23.6	50.6	2.2	11.2	12.4

7) 종교의 사회·정치 참여에 대한 의견

종교의 사회·정치 참여에 대한 의견에 대하여 보통이 32.1%로 가장 많았고, 그 다음으로 좋다(23.0%), 별로다(18.8%) 그리고 아주 별로다(14.1%) 순으로 많았다.

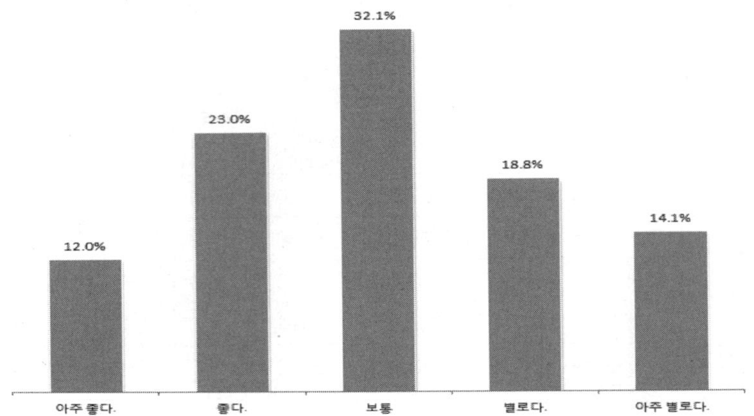

[그림 II-32] 종교의 사회·정치 참여에 대한 의견

8) 한국 사회에서 종교의 순기능

한국 사회에서 종교의 순기능은 무엇인지에 대하여 심리적 안정이 37.5%로 가장 많았고, 그 다음으로 사회 구제활동(봉사)(34.2%), 자기 성찰(18.9%) 그리고 교육(5.3%) 순으로 많았다. 기타 응답에서는 순기능이 없다가 많았고, 친교, 신앙의 전통 전달 등의 소수 응답도 있었다.

9) 한국교회의 문제점

한국교회의 문제점에 대하여 교회 성장주의(교회의 대형화)가 16.3%로 가장 많았고, 그 다음으로 불투명한 재정 구조(14.1%), 지나친 전도 활동(13.2%), 과도한 교회 건축(13.0%) 그리고 세습(12.7%) 순으로 많았다. 기타응답으로는 교회내 성차별, 혐오적 발

언(여성/퀴어/장애인), 종교의 정치 권력화, 목회자의 신격화, 근
본주의(타종교 배척주의), 성범죄 등이 있었다.

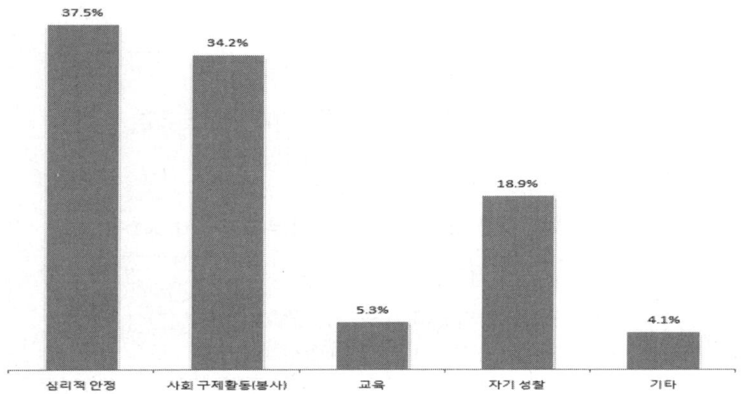

[그림 II-33] 한국 사회에서 종교의 순기능

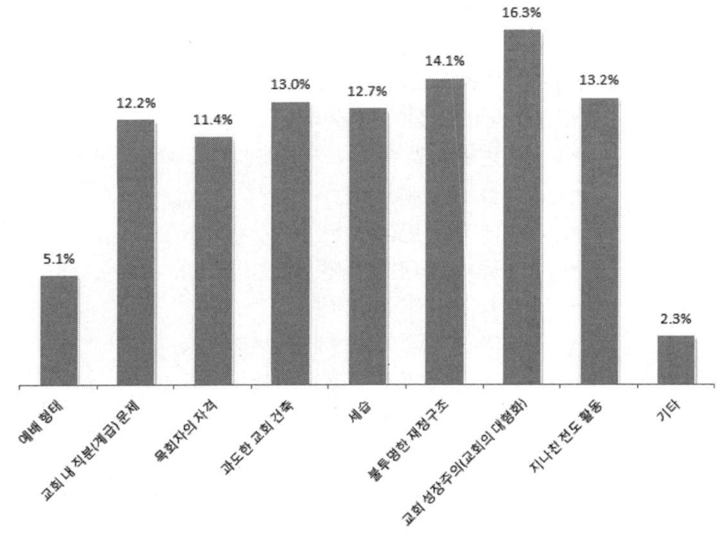

[그림 II-34] 한국교회의 문제점(복수 선택)

10) 한국교회 개혁을 위한 한마디

○ 교회의 사회적 역할

사회적 문제	▪ 성소수자와 무슬림도 존중해야한다 ▪ 사회 내 진보적 의제에 목소리를 내야한다 ▪ 사회적 불의에 목소리를 내야한다 ▪ 잘사는 사람들의 편에 서길 그쳐야한다 ▪ 가난하고 억압받는 자들에게 위로와 힘이 되어야한다
타종교에 대한 태도	▪ 종교의 자유를 존중해야한다 ▪ 기독교만의 진리가 옳다는 생각을 버려야한다, ▪ 강요하지 말고 다양성을 인정해야한다
종교로서 역할	▪ 종교인 과세가 필요하다 ▪ 정치적 무관심을 경계해야한다 ▪ 구제활동에 힘써야한다 ▪ 사람을 좀 더 생각해야한다 ▪ 우파 이데올로기를 회복해야한다 ▪ 하나님이 중심이 되어야한다 ▪ 종교는 종교일 뿐이니 거기에만 한정되어야 한다. ▪ 시대를 선도해야한다 ▪ 과거에 대해 반성해야한다 ▪ 이웃을 사랑하는데 집중했으면 좋겠다. ▪ 정치와 분리되어야 한다. ▪ 정의와 평화를 이루는데 앞장서야한다 ▪ 사회 인식에 따라 교리를 바꿔야한다 ▪ 사회구원에 초점을 맞춰야 한다. ▪ 현실역사의식이 필요하다 ▪ 우는 자와 함께 우는 기독교가 되야 한다 ▪ 사회 및 세상과 소통하며 그들을 이해해야한다

○ 교회 내의 활동

헌 금	▸ 헌금을 강요하는 것이 없어져야 한다 ▸ 헌금을 조금만 해야 된다 ▸ 헌금봉투에 이름 적는 것이 없어졌으면 좋겠다. ▸ 불분명한 명목의 많은 헌금 제도를 간소화해야 한다 ▸ 헌금을 신앙의 잣대로 삼아서는 안 된다
전 도	▸ 배려하는 전도를 해야 한다 ▸ 주변인부터 전도해야 한다 ▸ 진정성 있는 전도를 해야 한다. 단순히 휴지 나눠주기 전도는 그만해야 한다 ▸ 예수 믿지 않으면 지옥 간다는 말은 하지 않았으면 좋겠다. ▸ 과도한 전도나 신도 선동은 금해야 한다 ▸ 길거리 전도나 가정 방문 전도는 하지 말아야 한다 ▸ 전쟁 지역으로 가지 않았으면 좋겠다
건 축	▸ 교회는 건물이 아님을 명심해야 한다 ▸ 교회 건물과 체제 유지를 위한 신앙생활을 버려야 한다
예 배	▸ 예배가 더 친근했으면 좋겠다 ▸ 성찬이 회복되야 한다 ▸ 보여주기씩 예배는 그쳐야 한다 ▸ 너무 율법적인 예배는 지양해야 한다
봉 사	▸ 지나친 헌신과 봉사를 강조하는 것이 없어져야 한다 ▸ 자신의 열등감을 커버하려는 시도는 그쳐야 한다 ▸ 교회 안에 피로도가 너무 높다: 안식이 있고 쉼이 있어야 한다 ▸ 봉사를 신앙의 잣대로 삼아서는 안 된다
양육(다음세대)	▸ 청소년과 청년에게 헌신만을 요구해서는 안 된다 ▸ 자라나는 청년과 학생을 위해 기도하고 헌신해야 한다 ▸ 청년들에게 관심과 열린 마음을 가져야 한다 ▸ 참된 신앙을 가르쳐야 한다 ▸ 양육이 더욱 체계적으로 변화해야 한다 ▸ 성도의 영적 성장에 힘을 써야 한다 ▸ 교회 내부가 튼실해야 한다 ▸ 청년의 실제적 고민에 관심을 가져야 한다

	▸ 청년들이 서로 격려해야 한다
성도 간의 관계	▸ 서로 험담하고 비판하지 말아야 한다 ▸ 성도 간 소통해야 한다 ▸ 교인들끼리 그만 싸워야 한다 ▸ 교회 내의 법적 공방을 그쳐야 한다 ▸ 서로 지친 모습을 보듬어줄 수 있어야 한다
운 영	▸ 투명하게 운영되어야 한다 ▸ 교회 예산을 투명하게 사용해야 한다 ▸ 대형화가 돼서는 안 된다 ▸ 직분을 돈 받고 줘서는 안 된다 ▸ 교회 내 적폐를 청산해야 한다 ▸ 선민의식과 엘리티즘을 지양해야 한다 ▸ 정치/경제적 논리에서 벗어나야 한다 ▸ 젊은 사람들에게 더 많은 기회를 줘야 한다 ▸ 권위주의적 운영을 버려야 한다 ▸ 개인 스스로 자율적으로 참여할 수 있는 문화가 조성되어야 　한다 ▸ 개별 교회 중심에서 벗어나 연대의 길을 모색해야한다 ▸ 자정 능력을 갖춰야한다 ▸ 일반 상식만큼 운영되야 한다 ▸ 주님의 방법대로 해결해야한다 ▸ 영리활동을 그만해야한다 ▸ 비성경적 관습을 없애야한다 ▸ 초대교회로 돌아가야 한다 ▸ 평등해야한다 ▸ 전통을 너무 강조해서 안 되고 시대 변화에 맞춰 변화시켜야 　한다 ▸ 정의가 실현되야 한다 ▸ 자유로운 신앙형태를 보장해야 한다 ▸ 민주적 의사결정이 필요하다 ▸ 강요하는 분위기를 지양해야 한다 ▸ 사용하는 용어를 바꿔야 한다 ▸ 인간 중심적 운영을 하지 말아야 한다

자 질	▸ 권위주의적인 태도를 버려야 한다 ▸ 돈을 추구하지 말아야한다 ▸ 불륜과 성추행을 그쳐야한다 ▸ 영혼을 사랑하는 목회자가 필요하다 ▸ 신학교에서 무분별하게 목회자를 양산하고 있다, 신학교육을 제대로 해야 한다 ▸ 모범이 되야 한다 ▸ 겸손해야 한다 ▸ 일탈을 한 목회자를 심판해야 한다 ▸ 평신도와 끊임없이 대화해야 한다 ▸ 성도가 목사의 종이라고 생각해서는 안 된다 ▸ 자신의 직책에 성실이 임해야 한다 ▸ 성도를 돈이 아닌 사랑으로 봐야 한다 ▸ 목사를 줄여야 한다 ▸ 돈으로 사고팔면 안 된다 ▸ 의식구조가 바뀌어야 한다 ▸ 성도수 늘리는데 급급해서는 안 된다 ▸ 하나님을 의지해야 한다 ▸ 설교를 통해 자신을 정당화하고 교인들을 세뇌하려고 하면 안 된다 ▸ 정치에 개입해서는 안 된다 ▸ 직업인으로서의 자세를 버려야 한다 ▸ 사모들의 각성이 필요하다
능 력	▸ 목회자가 공부해야 한다 ▸ 엄격한 테스트 필요: 매년 승급 및 강등 시험, 논문 발표 등이 필요하다 ▸ 성도의 삶에 대한 이해와 사회 인식이 부족하다 ▸ 말씀을 제대로 해석해야 한다: 기복적인 설교보다 성경에 근거한 설교가 필요하다 ▸ 지속적인 재교육이 필요하다

세 습	▸ 목사의 아들이 목사인 경우가 많기 때문에 세습이 나쁘지만은 않다. 이것에 대한 적절한 해명이 필요하다 ▸ 세습이 금지되어야 한다

○ 개인의 신앙

기타	▸ 개혁은 불가능하다 ▸ 교파를 따르지 말고 통합해야 한다 ▸ 부끄러워할 줄 알아야 한다 ▸ 교회는 개혁의 대상이 아니라 회복의 대상이다 ▸ 교회가 교인들의 네트워크 및 사회/경제활동의 장으로서 역할을 수행해야 한다 ▸ 가정을 구축해야 한다 ▸ 교회 개혁에 대한 목소리를 낼 수 있는 창구가 많아져야 한다 ▸ 거품이 빠질 때까지 기다려야 한다 ▸ 교회의 감시자가 필요하다 ▸ 모든 일이 신으로 인해 기인된 일이라 치부하지 않아야 한다 ▸ 교회는 망해야 한다 ▸ 이단 문제를 해결해야 한다 ▸ 누구나 교회를 설립할 수 있어야 한다 ▸ 누구나 목사를 할 수 있어야 한다 ▸ 보수 교단은 문을 닫아라 ▸ 성공회를 배워야 한다 ▸ 개신교란 이름을 버리고 새롭게 시작해야 한다

○ 기타

기독교 인의 삶	▸ 정죄하지 말고 판단은 하나님께 맡겨야 한다, 비판을 멈춰야 한다 ▸ 말씀 위에 바로 서야 한다 ▸ 회개해야 한다 ▸ 하나님을 더욱 사랑해야 한다

	▶ 평신도가 분별력을 갖춰야 한다
	▶ 기도해야 한다
	▶ 개인주의를 벗어나야 한다
	▶ 직분에 치우쳐서는 안 된다
	▶ 초심을 잃지 말아야 한다
	▶ 개혁을 위해 내가 먼저 변해야 한다, 실천해야 한다
	▶ 하나님을 더욱 의지해야 한다
	▶ 예수님을 따라야 한다
	▶ 서로 사랑해야 한다
	▶ 정신 차려야 한다
	▶ 포기하지 말아야 한다
	▶ 같이 노력해야 한다
	▶ 남을 사랑해야 한다
	▶ 기복주의 신앙을 버려야 한다: 현세의 풍요 버려야 한다, 하나님 나라와 복음을 중요시해야 한다
	▶ 먹고사는 문제에만 급급해서는 안 된다
	▶ 세상 사람들과 구별되어야 한다

Ⅲ. 조사결과 보고[1]

본 조사는 구조화된 항목과 반구조화(semi-structure)된 면담[2]을 통한 응답 결과를 수집했다. 이번 조사의 내용을 정리하면 다음

---

1 이 결과에서 사용할 청년의 범위를 만 29세까지로 논하고자 한다. 통계청에서는 만 15-29세로 청년의 연령을 정의하고 있다. 다만, 한국의 사회적인 여건 상 만 34세까지로 늘려야 한다는 여론이 나오고 있고, 공공기관 채용과 고용부의 청년지원사업에서의 청년이 만 34세까지다. 따라서 이 조사에서는 기본적으로 20-24세의 연령, 25-29세까지의 연령을 중점적으로 다루었다. 필요에 따라서는 30-34세까지 연령도 함께 다루었다.

2 조사 뒤편에 '교회 개혁을 위한 한마디'라는 항목을 통해 청년들의 자유로운 의견을 개진하였다.

과 같이 할 수 있다. 청년들이 ① 교회의 방향성 부분에서는 대형화 추구와 여기에 따른 교회의 질적 성정 저하를 문제로서 보았다. ② 교회의 운영 구조에 대해서는 비민주성을 꼽을 수가 있다. ③ 교리적으로는 구원을 중시 여긴다. ④ 신앙적으로는 개인화가 됨이 나타났다. ⑤ 정치적으로는 극우이데올로기에 반대한다. ⑥ 사회적으로는 양극화 해소에 나설 것을 요구함을 알 수 있다. 기타 항목으로 주목할 부분은 신앙이 어릴 적부터 형성된 이(모태신앙) 등이 많다는 것이다. 또한 30-34세의 연령대가 교회 개혁을 가장 강하게 원함을 알 수 있었다.

1. 교회의 방향성: 교회의 대형화와 질적 성장의 저하

1.1 본 조사결과에서는 한국교회의 대형화가 질적 성장과 무관했다는 결론을 얻을 수 있다. 현재 한국 개신교회 청년들이 가장 원하는 교회의 모습은 '작지만 건강한 교회'였다. 연령대별로 '작지만 건강한 교회'를 추구한다는 응답이 20-24세가 44.6%, 25-29세가 46.5%,가 응답했다. 더 높은 연령대에서도 한국교회에서 가장 바라는 바를 '작지만 건강한 교회'로서 설명했다. 한국개신교회는 꾸준히 성장을 했지만, '건강함'이라 할 수 있는 질적인 성장은 이루지 못했다는 결론을 이끌어낼 수 있다.

이러한 작지만 건강한 교회에 대한 여론은 교회의 대형화에 반대하는 부분에서 잘 드러난다. 본 조사의 응답자들이 가장 큰 문제로 삼은 교회의 문제는 '교회 성장주의'(16.3%)[3]이다. 청년계층이라 할 수 있는 20, 30대에서는 14-18%가량으로 응답을 하였다. 특히 교회의 문제에 대한 응답자들의 의견은 분산값이 낮은 것으로 나타났다. 즉, 교회의 문제에 대한 항목에 대해서 비교적 고르게 답한 것이다. 교회의 대형화만큼 응답자들이 심각하게 생각하는 것은 교회의 세습(12.7%), 과도한 교회 건축(13.0%), 지나친 전도 활동(13.2%) 등이었다. 이는 양적성장에 대해 비판적임을 나타나는 지표다.

1.2 응답자들이 바라는 교회의 질적인 성장은 우선, 내적 평안을 주는 것으로 볼 수 있다. 본 조사결과의 전체 응답자를 놓고 봤을 때, '한국 사회에서 교회의 역할'로 가장 많이 응답한 것이 심리적 안정(31.8%)이었다. 이와 함께 단순한 종교적 기능(22.3%)이 그 다음을 차지하였다. 이는 성도들이 교회에 바라는 역할이 내적인 안녕을 추구할 수 있도록 도와주어야 한다는 말이 된다.

'한국 사회에서 교회의 순기능이 무엇인가'에 대해서도 37.8%가 심리적 안정을 꼽음으로서 내적 평안이 성도들이 가장 원하는 신앙의 방식으로 여김을 알 수 있다. '교회의 순기능'에 대한 질문에 대해서 20-24세는 39.9%가량이 응답하여서 연령대 중에서 가장

---

3 교회 대형화에 대해서 가장 심각하게 생각하는 계층은 30-34세이다. 30-34세가 59.8%가 '작지만 건강한교회'를 추구한다고 응답하여서 모든 연령대에서 가장 높은 응답을 보였다. 교회의 문제로서 교회 성장지상주의에 대해서 18.7%라 응답함으로서 가장 높은 응답률을 보였다.

높은 응답 반응을 보였다. 20-29세의 경우에는 35.7%가 응답했다. 특히 청년층이 많이 분포해 있는 학생과 취업준비생들이 가장 중시하는 부분이 심리적 안정인 것으로 교차 분석결과가 나타났다.

1.3 청년들이 교리와 말씀이라는 부분이 종교를 선호하는 이유가 된다. 이는 청년들의 신앙에 있어서 교리적인 부분이 상당히 중대한 이유로서 꼽힘을 알 수가 있는 측면이다. 즉, 성도들이 해주었으면 하는 부분이 이 두 개의 부분 있는 것이다. 이러한 교회의 성장 방향에 대한 관심은 청년들이 '감성적이고, 교리에는 무관심하다'라는 기존 논의들을 거부한다. 청년들이 들이 원하는 질적 성장에 있어서 교리 역시 중대한 역할을 한다. '현재의 교회를 선호하는 이유'로서 꼽은 가장 많은 내용은 '말씀이 좋아서'(30.5%)가 가장 많았고, '교리에 동의함으로(24.9%)'가 그 다음을 차지했다. 종교 선택에 있어서 '말씀이 좋아서'라는 응답은 연령과 양의 상관관계를 가지고 있다.[4]

'교회를 출석하지 않은 대신, 신앙생활은 어떻게 하고 계십니까'라는 항목에 대해서 성경과 신앙서적을 읽는 것(38.1%)이라 응답한 것으로 나타났다. 동일한 질문에 대해서 20-24세의 경우에는 34.8%, 25-29세는 33.3%으로 응답했다.[5] 이른바 '가나안 성도'

---

[4] '교회를 선호하는 이유'에 대해서 '말씀이 좋아서' 라고 응답한 비율은 20대 초반이 27.4%, 20대 중후반이 27.5%정도다. 30대부터는 32.5%, 36.2%까지 증가한다. 40대부터는 41.7%까지 증가하여서 전반적으로 한국교회에서 성도들이 성경에 대해서 중요하게 생각함을 알 수 있다.

라고 불리는 '신앙은 가지고 있지만, 교회에는 출석하지 않는 기독교인'들 역시 교회를 다니지 않는 동안 하는 것이 성경과 신앙서적을 읽는 것(38.1%)이라 응답하였다. 이는 한국교회 성도들이 교리적인 측면에 관심이 많음을 나타내는 것이다. 또한, 교회의 질적 발전에 대해서도 교리를 중시하는 것으로 추정할 수 있다.

2. 교회의 운영방식: 비민주성

2.1 전체응답자가 현재 출석하는 교회의 문제점으로 꼽은 것 중 가장 많은 부분을 차지하는 것은 '비민주적인 의사구조'(19.6%)였다. 20-24세는 여기에 대해서 15.8%, 24-29세는 18.4%를 응답했다. 가장 높게 응답한 것은 30-34세였다. 20%가량이상을 꼽은 다른 연령층에 비해서는 청년층이 다른 연령대에 비해서 교회의 비민주성에 대해서는 문제의식이 약한 것으로 나타났다. '이상적인 교회의 모습에 대해 묻는 질문'에서도 민주적인 의사소통이 가능한 교회(17.2%)가 세 번째로 많은 응답을 얻어냈다. 20-24세는 여기에 대해서 15.3%, 24-29세는 16.8%가 응답하였다. 이 역시도 다른 연령대에 비해서는 낮은 수준의 응답이었다. 다른 연령대에 비해서 교회운영방식이 비민주적이라고 생각하지 않는다.

---

5 30-34세의 연령대는 여기에 대해서 혼자서 성경과 신앙서적을 읽고 있다는 것에 51.7%라고 응답했고, 자유로운 신앙모임에 참여하고 있다는 응답은 10.4%가량이었다. 40세 이상은 66.7%가량이 혼자서 성경과 신앙서적을 읽고 있다고 답하였다.

2.2 본 조사에서는 반구조화된 면담으로서 '교회 개혁을 위한 한마디'를 통해 청년들의 의견을 모았다. 이 조사에서 나타난 교회 운영에 대한 의견에서는 '투명한 재산 운영', '권위주의적인 운영', '젊은 사람들에게 많은 기회를 주어야 한다.', '민주적인 의사결정을 해야 함' 등을 의견으로 제시했다. 교회의 운영 과정이 비민주적이라는 인식이 강하게 드러난 것이다. 특히 목회자에 대한 의견에서도 '권위주의적인 태도를 버려야 한다.', '겸손해야 한다.' 등을 말함으로서 교회의 권위적인 문화가 강함을 유추할 수가 있었다.

3. 교리적 측면: 구원을 추구

3.1 응답자들이 개신교를 자신의 종교로서 선택한 가장 큰 이유는 교리 때문이다. '현재의 교회를 선호하는 이유'로서 꼽은 가장 많은 내용은 '말씀이 좋아서(30.5%)'가 가장 많았고, '교리에 동의함으로(24.9%)가 그 다음을 차지했다. 20-24세, 25-29세의 연령대에서도 현재의 종교를 선호하는 이유로 다른 연령대와 마찬가지로 가장 중시하는 것이 교리에 대한 선호와 교리에 대한 동의를 꼽았다. 이는 청년들의 신앙에 있어서 교리적인 부분이 상당히 중대한 이유로서 꼽힘을 알 수가 있는 측면이다.

3.2 현재 교회를 다니지 않는 이유로 가장 많은 부분을 차지하는 것'이 "믿음이 없어서"(29.8%)라는 부분이 가장 컸다. 이 측면에

서도 20-24세가 36.3%, 20-29세가 29.6%를 차지하여서 연령대 중에서 가장 많은 응답을 하였다. 즉, 청년들이 교회를 사교집단보다는, 종교기관으로 여기고 있음을 볼 수 있는 측면이다.

3.3 어떤 교리에 집중하는지를 살펴보면 '구원'이라는 결론을 얻을 수 있다. 본 조사에서 '현재 종교를 선택한 가장 큰 이유'를 '나(가족)의 구원'(54.5%)라고 응답하였다. 현 종교에 대해서 25-29세 이상에서 더 많은 응답 결과(57.7%)를 보였고, 20-24세까지는 다른 연령대에 비해서 낮은 응답(46.6%)을 보였다. 20-24세까지의 연령대를 제외하고는 모두 '나와 가족의 구원'이 현재 교회에 다니는 이유로 50% 이상이 응답을 한 점을 고려하면, 상대적으로 낮은 수치였다. 한편으로 '마음의 평안을 위해서'라는 응답이 27.7%로 다른 연령대에 비해서 근소하게 높은 수치를 드러냈다. 그러나 전반적으로 원하는 것이 구원교리임을 나타 알 수 있는 대목이다.

3.4 교리적인 믿음에 대해서 기존 교회에서 구원신앙을 강하게 강조한다고 여김을 알 수 있었다. 설교에서 가장 많은 비중을 차지하는 것이 개인의 구원을 강조하는 설교(51.3%)로 조사가 됐다. 청년층의 결과에서도 높은 비율로 나타났다. 20-24세는 47.7%, 25-29세는 52.5%가 구원에 대한 설교가 가장 많다고 응답했다고 한다. 20-24세는 설교에서 다른 연령에 비해서 '사회참여'를 강조하는 설교를 많이 한다고 응답(41.4%)했다. 교회에서 전하는 메시지에 따라서 이런 신앙을 갖게 된 것일 수 있으나, 설교자의 입장에

서도 교인들의 수요가 많은 설교를 한다는 점에서도 구원신앙은 현재 교회에서 가장 중요한 교리다.

4. 신앙의 형태: 신앙의 개인화

4.1 신앙의 형태는 내적인 평안을 추구하는 것으로 나타났다. 청년들은 종교를 가지게 된 가장 중요한 이유로 '내적인 평안'(44.7%)을 꼽았다. 동일하게 20-24세와 20-29세의 연령대에서도 각각 41.8%, 45.0%로 응답하여서 내적평안을 청년들이 중시여김이 나타났다. 한국'교회가 해야 할 역할'에 대해서도 심리적 안정(31.8%), '교회의 순기능'에서도 심리적 안정(37.5%)을 꼽음으로서 내적인 평안을 종교가 해야 한다고 이해를 하고 있다. 20-24세, 20-29세 연령도 다른 연령대와 동일한 수준의 응답률을 보였다. 교회가 문제 해결에 도움을 주는 부분에 대해서도 응답자의 56%가 '해결은 되지 않지만, 마음의 위로를 준다'는 항목을 꼽았고, 18.5%는 '잘 될 거라는 확신을 준다'고 응답했다. 이 점은 신앙이 마음의 위로를 갖는 데 도움을 주는 것으로 여기는 것이다. 소그룹에서도 가장 많은 대화주제가 삶과 고민(57.7%)으로 나타났다. 특히 20-24세의 연령대는 61.8%로 다른 연령대에 비해서도 높은 수준의 응답률을 보였다. 또한 사회문제 해결의 영역에서도 '개인에게 위로를 해주어야 한다'는 응답이 27%로 동일 항목에서 두 번째로 높은 응답률을 보였다.

4.2 본 조사에서 직업군별 교차분석 결과 다른 직업군에 비해서 취업준비생, 자영업자, 예술종사자들이 종교가 영향을 준다는 데 있어서 다른 직업군보다 많은 응답을 했다. '종교가 우리 사회에 영향을 주는가'라는 문항에서 '아주 많이'와 '많이'고 응답한 취업준비생, 자영업자, 예술종사자들의 비율은 세 집단 다 70%가까운 비율을 차지한다. 종교에 영향을 많이 받는 직업군이 삶의 불안이 크다는 점에서 교회에서 추구하는 것이 내적인 평안임을 더 명확하게 알 수 있는 대목이다.

4.3 현재 한국교회에서 청년들은 어딘가에 얽매이는 것을 원치 않는 것으로 나타났다. 이는 공동체성이 약화되고 있음을 나타내는 지표다. '교회의 출석하지 않는 이유'로서 '얽매이기 싫어서'를 꼽은 전체응답자는 29.9%였고, 20-24세의 연령대는 21.6%, 24-29세의 연령대는 41.9%이라고 응답했다. 교회에 출석하지 않는 이유에 대해서 '시간이 없어서'라고 응답은 전체 27.4%가 응답했다. 이중에서 20-24세의 연령대는 45%가량이 '시간이 없어서'라고 응답하여 다른 연령대에 비해서 높은 응답률을 보였다.

5. 정치적 입장

5.1 현재 한국 개신교의 신앙은 개인의 구원 강조에 초점이 맞춰져 있다. 이러한 부분이 잘 나타난 것이 본 조사에서 시행한 '목회

자의 설교'에 대한 것이다. 대부분 교리 중심으로 설교가 진행이 되고 있는데, 가장 중점이 되는 것은 개인의 구원(54.5%)이다. 또한 앞선 항목에서 분석하였듯이 교리적인 부분에서 내적평안과 심리적 안정 등을 중시하였지만, 대외적으로는 극우적인 정치성향을 교회에서 드러냈다. 교회의 사회적인 발언과 청년들이 바라는 사회적인 교회의 모습은 일치가 되지 않는다. 한국 개신교의 개선할 점에 대해서 반구조화된 면담에서의 응답에서 '우파이데올로기 회복'에 대한 의견이 있었다.

5.2 조사 결과에서 청년들이 바라는 교회의 두 번째는 '사회적 연대'를 하는 교회였다. 청년들이 사회문제에 관심이 없는 것이 아님이 드러낸 부분이 교회에서 나누는 얘기에 대한 담론이다. 40-50대에 비해서 정치, 사회적인 대화를 나누는 비율이 20-30대가 약간 더 높은 수준으로 나타났다. 또한 '종교의 가장 중요한 역할'로서 '사회적 연대'를 꼽은 비율이 20-24에서는 15.8%, 14.5%정도로 10%안팎으로 동일 항목에 응답한 다른 연령대에 비해서 높은 수준을 차지하였다. 청년들이 '정치에 관심이 없다'라는 기존 논의들과는 달리 개신교 신앙을 가진 청년들은 다른 연령대에 비해서 정치에 대한 관심이 상당히 높은 수준으로 나타났다. 개신교 신앙을 가진 청년들이 '사회적 영성'을 채우고자 하는 욕구가 존재함을 확인을 했다.

5.3 청년들이 바라는 교회의 정치참여는 구조개혁에 동참하도록 돕는 것이다. 20-30대들에게 있어서 사회가 가지고 있는 문제를 해결하기 위해서 '구조개혁에 동참하도록 해야 한다'는 응답이 20-24세는 34%, 25-29세는 41%로 응답했다. 이점을 감안하였을 때, 교회의 직접적 참여를 원치 않는다는 것이다. 특히 20-24세의 연령대는 '교회의 정치참여'를 반대한다는 의견이 다른 연령대 중에서 가장 높았다.

5.4 우파이데올로기를 강하게 드러내는 개신교회의 직접적인 정치 참여를 지양하고, 구조개혁에 참여할 수 있도록 해주어야 한다. 특히 현재 종교를 선호하는 이유로 '정치적 신념이 같다'고 응답한 비율이 전체 응답비율이 4.6%가량 기록을 하고 있다. 청년층의 응답비율은 20-24세가 6.4%, 25-29세가 4.6%를 기록하여서 현재 개신교의 정치적 참여 방식에 동의하지 않음을 알 수 있는 대목이다. 이 대목은 반구조화된 면담에서 잘 드러난다. "정의와 평화를 이루는데 앞장서야한다", "사회 인식에 따라 교리를 바꿔야한다", "사회구원에 초점을 맞춰야 한다", "현실역사의식이 필요하다", "우는 자와 함께 우는 기독교가 되어야 한다", "사회 및 세상과 소통하며 그들을 이해해야한다" 등에 대한 응답을 살피면 우파이데올로기에 대한 경계가 드러나 있다.

6. 교회에서 해결해주어야 하는 사회 문제: 경제적 양극화 극복

6.1 현재 교회 청년들이 겪고 있는 가장 큰 어려움은 경제적인 문제다. '청년들의 생활에 가장 큰 영향을 주는지'에 대하여 돈 (30%)로 가장 높은 수준으로 드러났다. '요즘 청년들의 가장 큰 고민이 무엇인지'에 대하여 취업이 53.7%로 가장 많았고, 그다음으로 돈(생계)(22.1%), 로 드러났다. '사회적으로 가장 시급하게 해결 (변화)해야 할 문제'에 대하여 취업이 43.0%로 가장 높은 수준으로 드러났다. 그 다음으로 복지(26.8%), 교육(15.6%) 그리고 결혼 및 출산(8.0%) 순으로 나타났다. 이는 현재 청년들이 경제적인 어려움을 심각하게 겪고 있음을 나타내는 지표다.

6.2 사회적 문제 해결을 위해서 종교가 해야 할 가장 중요한 역할로서 사회구조 개혁을 위한 참여를 유도한다가 '42.1%'로 가장 많았다. 앞선 응답들에서 청년들이 겪고 있는 어려움이 주로 취업과 복지 등으로 응답한 것을 미뤄보아 청년들이 바라는 '사회구조 개혁'은 경제적인 양극화 극복임을 알 수 있다.

7. 기타

1) 신앙의 외적요인

현재 교회를 다니고 있는 인원의 대부분은 모태신앙이다. 이 신앙을 갖게 된 계기는 대부분이 내부적인 결정이라기보다는, 어릴 적부터 갖게 된 신앙인 경우가 많다. 신앙을 갖게 된 응답에서 '부모님의 강요'가 8%가량을 차지한다. 본 조사의 표본에서 나타난 '10년 이상'의 신앙생활을 한 개신교인이 86%라는 점을 감안할 때에, 교리를 받아들이는 과정이 스스로가 아니라 외적 요인이 강함을 알 수가 있다.

2) 30-34세(83-87년생)

이번 조사결과에서 흥미롭게 나타난 것은 30-34세의 연령대다. 30-34세의 연령대가 가장 교회 개혁을 시급하게 요구함을 알 수 있었다. 교회 개혁에 대한 응답비율이 다른 연령대에 비해서 가장 높은 수준을 기록했다. 83-87년생은 대학교 2002-2006년도 사이에 대학을 입학하였고, 2000년대에 대학을 다닌 연령대다. 사회적으로 청년문제가 가장 불거진 세대이고, 교회 개혁을 가장 높은 수준으로 원함을 알 수 있다. 교회의 성장지상주의, 비민주성 등에 대해서 다른 연령대보다 더 많은 변화를 원함이 나타났다.

〔부록〕 설문지

청년의 교회/종교에 대한 의식 설문조사

안녕하세요!!
2017년은 마틴 루터가 독일에서 종교개혁을 일으킨 지 500주년이 되는 해입니다. 한국기독청년협의회와 한국기독교교회협의회(NCCK) 청년위원회에서는 종교개혁 500주년을 맞이하여 청년들의 교회/종교에 대한 의식을 알아보고, 한국교회 개혁을 위한 자료로 사용하기 위하여 아래와 같이 설문조사를 하고 있습니다. 소중한 답변 부탁드립니다.

※ 질문에 대하여 해당하는 번호에 V표를 해주십시오.

1. 현재 종교생활을 하고 계신가요?
　① 예 ② 아니요(4번 문항)

2. 현재의 종교는 무엇입니까?
　① 기독교(개신교) ② 기독교(가톨릭) ③ 불교 ④ 원불교
　⑤ 천도교 ⑥ 유교 ⑦ 이슬람 ⑧ 기타(　)

3. 현재 종교를 선택한 가장 큰 이유는 무엇입니까?(복수 선택 가능)
　① 나(가족)의 구원을 위해
　② 마음의 평안을 얻기 위해
　③ 부모님의 강요로

④ 친구들의 권유로
⑤ 정치.사회적 활동을 위해
⑥ 봉사활동을 위해
⑦ 기타 ( )

4. 현재 종교생활을 하지 않는 이유가 무엇입니까?(복수 선택 가능)
① 교리에 대한 실망
② 성직자나 성도(교인, 신자)에 대한 실망
③ 얽매이는 게 싫어서
④ 가족의 반대로
⑤ 바빠서
⑥ 믿음이 없기 때문에
⑦ 기타 ( )

5. 종교의 가장 중요한 역할은 무엇이라고 생각하시나요?(한개 선택)
① 예배나 의례
② 내적인 평안
③ 봉사
④ 사회적 연대
⑤ 인간관계를 위한 네트워크
⑥ 기타 ( )

6. 종교가 우리 사회에 영향이 있다고 생각하세요?
① 아주 많이 ② 많이 ③ 보통 ④ 조금 ⑤ 없다

7. 우리나라에서 사회의 어느 부분에서 종교의 영향이 있다고 생각하세요?

① 정치 ② 여론 ③ 교육 ④ 문화
⑤ 경제 ⑥ 사회통합 ⑦ 봉사 ⑧ 기타( )

8. 개인적으로 가장 선호하는 종교는 무엇입니까?
① 기독교(개신교) ② 기독교(가톨릭) ③ 불교
④ 원불교 ⑤ 천도교 ⑥ 유교
⑦ 이슬람 ⑧ 기타( )

9. 그 이유는 무엇입니까?(복수 선택 가능)
① 말씀(성경, 불경 등)이 좋아서
② 교리(creed)에 동의하므로
③ 예배(또는 의례)의 형식이나 분위기가 좋아서
④ 존경하는 성직자가 있어서
⑤ 봉사 활동을 많이 하므로
⑥ 정치적 신념이 같아서
⑦ 기타 ( )

10. 귀하는 현재 교회에 출석을 하고 있나요?
① 출석하고 있음 → **11번 문항으로**
② 기독교인지만 출석하지 않음 → **20번 문항으로**
③ 무교, 타종교인 → **25번 문항으로**

〈10번 문항 답이 "1. 출석하고 있음" 경우: 11~19번 응답 후, 25번부터 다시 응답해 주십시오.〉

11. 귀하의 신앙생활 기간은 어느 정도입니까?

① 1년 미만 ② 1년 이상 ~ 5년 미만
③ 5년 이상 ~ 10년 미만 ④ 10년 이상

12. 귀하께서는 신앙생활 기간 교회를 옮긴 경험이 있습니까?
① 1번 ② 2번 ③ 3번 ④ 4번 이상 ⑤ 없다.

13. 교회를 옮긴 경험이 있다면 옮기게 된 이유는 무엇입니까?
① 교회 내 갈등/분란이 있었다.
② 지나친 헌금 강요가 있었다.
③ 교회 건축으로 인한 어려움이 있었다.
④ 교회(목회자 및 성도 포함)와 사회·정치적 견해가 달라 힘들었다.
⑤ 이사 혹은 직장, 입학 등으로 지역을 이동했다.
⑥ 체계적인 신앙생활을 하고 싶었다.
⑦ 기타 (　)

14. 현재 교회에서 하고 있는 활동을 모두 체크해 주세요.(복수 선택 가능)
① 청년회 임원 ② 교회학교 교사 ③ 성가대 ④ 찬양팀(찬양단)
⑤ 소그룹 리더 ⑥ 방송실 ⑦ 반주자 ⑧ 청년회 활동
⑨ 주일 예배만 참석 ⑩ 기타 (　)

15-1. 현재 출석하고 있는 교회 목회자의 설교 유형은 다음 중 어느 것입니까?
① 교리 중심 설교 ② 상황 중심 설교
③ 인문·철학적 설교 ④ 기타 (　)

15-2. 현재 출석하고 있는 교회 목회자의 설교 유형은 다음 중 어느
   것입니까?
   ① 개인구원 강조 ② 사회참여 강조 ③ 기타 ( )

16. 현재 출석하고 있는 교회 소그룹 혹은 성도와 나누는 대화의 주제
   는 무엇입니까?
   ① 신앙.성경 ② 삶.고민 ③ 사회 · 정치
   ④ 교회 ⑤ 기타 ( )

17. 현재 출석하는 교회에서는 예배나 모임에서 사회 · 정치적인 대화
   를 어느 정도 하나요?
   ① 아주 많이 ② 많이 ③ 보통 ④ 조금 ⑤ 없다

18. 현재 출석하고 있는 교회의 문제점은 무엇이라고 생각하십니까?
   (복수선택)
   ① 예배 – 설교, 분위기
   ② 발전적이지 않는 목회자
   ③ 재정 – 특정한 항목 중심의 지출
   ④ 비민주적인 의사구조
   ⑤ 과도한 교회 건축
   ⑥ 지나친 전도 강요
   ⑦ 차별/혐오적인 발언 – 여성 · 장애인 · 성소수자 등
   ⑧ 기타 ( )

19. 귀하가 생각하는 이상적인 교회의 모습은 무엇입니까?(한개 선택)
   ① 예배 분위기가 좋은 교회 ② 민주적인 의사소통이 가능한 교

회 ③ 정치 및 사회 참여를 하는 교회 ④ 전도에 힘쓰는 교회
⑤ 작지만 건강한 교회 ⑥ 기타 (　)

〈10번 문항 답이 "2. 기독교인이지만 출석하고 있지 않음" 경우: 20번부터 응답해주십시오.〉

20. 귀하가 현재 교회에 다니지 않는 이유는 무엇입니까?
　　① 시간이 없어서 ② 필요가 없어서 ③ 목회자에 대한 불신
　　④ 성도에게 실망해서 ⑤ 얽매이기 싫어서 ⑥ 기타 (　)

21. 교회를 출석하지 않은 대신, 신앙생활은 어떻게 하고 계십니까?
　　① 인터넷이나 TV, 라디오 등을 이용하여 주일 예배를 드린다.
　　② 한 곳에 등록하지 않고 매주 다른 교회에서 예배를 드린다.
　　③ 직장 신우회나 선교 단체 활동을 하고 있다.
　　④ 자유로운 신앙 모임에 참여하고 있다.
　　⑤ 혼자서 성경과 신앙서적을 활용하여 신앙생활을 하고 있다.
　　⑥ 기타 (　)

22. 귀하가 교회를 떠나게 되었을 때 다니던 교회의 모습은 다음 중 어느 것입니까?
　　① 교회 내 갈등/분란이 있었다.
　　② 지나친 헌금 강요가 있었다.
　　③ 교회 건축으로 인한 어려움이 있었다.
　　④ 담임 목회자가 독단적이고 권위적이었다.
　　⑤ 교인들의 신앙 고백과 삶의 괴리가 컸다.
　　⑥ 개인의 사정으로 떠나게 되었다.
　　⑦ 기타 (　)

23. 한국 사회에서 교회가 해야 할 역할은 무엇이라고 생각하세요?
   (한개 선택)
   ① 단순한 종교적 기능(예배) ② 봉사(구제) ③ 사회참여 활동
   ④ 심적인 안정(위로) ⑤ 기타 ( )

24. 만일 귀하가 다시 교회를 다니신다면 어떤 교회를 다니시겠습니
   까?(한개 선택)
   ① 예배 분위기가 좋은 교회 ② 민주적인 의사소통 가능한 교회
   ③ 정치 및 사회 참여를 하는 교회 ④ 전도에 힘쓰는 교회
   ⑤ 작지만 건강한 교회 ⑥ 기타 ( )

〈여기부터 공통 질문입니다.〉

25. 요즘 어떠한 것들이 청년들의 생활에 가장 큰 영향을 준다고 생각
   하세요?(복수선택 가능)
   ① 돈 ② 독서 ③ 명상
   ④ 종교 ⑤ 운동 ⑥ 모임
   ⑦ 게임 ⑧ 부모 ⑨ 친구
   ⑩ 유명인 · 연예인 ⑪ 기타( )

26. 요즘 청년들의 가장 큰 고민은 무엇이라고 생각하세요?
   ① 취업 ② 결혼 및 연애 ③ 진로 ④ 신앙(종교생활)
   ⑤ 돈(생계) ⑥ 정치.사회 이슈 ⑦ 기타( )

27. 종교가 청년들의 삶, 특히 고민해결에 영향력이 있다고 생각하세요?
   ① 아주 많이 ② 많이 ③ 보통 ④ 조금 ⑤ 없다

28. 종교가 청년들의 고민해결에 어떤 도움을 준다고 생각하세요?

　　① 해결은 되지 않지만 마음의 위로를 준다.

　　② 물질적, 인적 도움을 준다.

　　③ 잘 될거라는 확신(정답)을 준다.

　　④ 도움이 되지 않는다.

　　⑤ 기타 (　)

29. 사회적으로 가장 시급하게 해결(변화)해야 할 문제는 어떤 것이라

　　고 생각하세요?

　　① 취업 ② 교육 ③ 복지 ④ 결혼 및 출산

　　⑤ 기타(　)

30. 사회적 문제 해결을 위해서 종교가 해야 할 가장 중요한 역할은

　　무엇이라고 생각하세요?

　　① 개인에 대한 위로를 한다. ② 사회구조 개혁을 위한 참여를

　　유도한다. ③ 정책을 제안한다. ④ 관여하지 않아야 한다.

　　⑤ 기타 (　)

31. 종교의 사회 · 정치 참여에 대해서 어떻게 생각하세요?

　　① 아주 좋다 ② 좋다 ③ 보통 ④ 별로다 ⑤ 아주 별로다

32. 한국 사회에서 종교의 순기능은 무엇이라고 생각하세요?(한개 선

　　택)

　　① 심리적 안정 ② 사회 구제활동(봉사) ③ 교육

　　④ 자기 성찰 ⑤ 기타 (　)

33. 한국교회의 문제는 무엇이라고 생각하세요?(복수 선택 가능)
　① 예배 형태
　② 교회 내 직분(계급) 문제
　③ 목회자의 자격
　④ 과도한 교회 건축
　⑤ 세습
　⑥ 불투명한 재정구조
　⑦ 교회 성장주의(교회의 대형화)
　⑧ 지나친 전도 활동
　⑨ 기타 (　)

34. 한국교회 개혁을 위해 한 마디 해주세요.

〈아래의 인적사항에 관련한 질문들은 응답자의 성분에 따른 응답비율을 분석하기 위함임을 밝힙니다.〉

35. 나이는 만으로 어떻게 됩니까?
　① 19세 이하 ② 20 ~ 24세 ③ 25세 ~ 29세
　④ 30세 ~ 34세 ⑤ 35세 ~ 39세 ⑥ 40세 이상

36. 귀하의 성별은 무엇입니까??
　① 여성 ② 남성 ③ 그 외, 밝히고 싶지 않음

37. 하시는 일은 무엇입니까?
　① 학생 ② 입시(편입)준비 ③ 취업준비 ④ 회사원(공무원)
　⑤ 예술 종사자 ⑥ 활동가(NGO단체 등) ⑦ 자영업(학원 및 개
　　인사업) ⑧ 기타(　)

38. 현재 살고 있는 지역은 어디입니까?

① 서울·경기권 ② 강원도 ③ 충청도 ④ 경상도

⑤ 전라도 ⑥ 제주도

설문에 응답해 주서서 감사합니다.^^